A. FERRET 1977

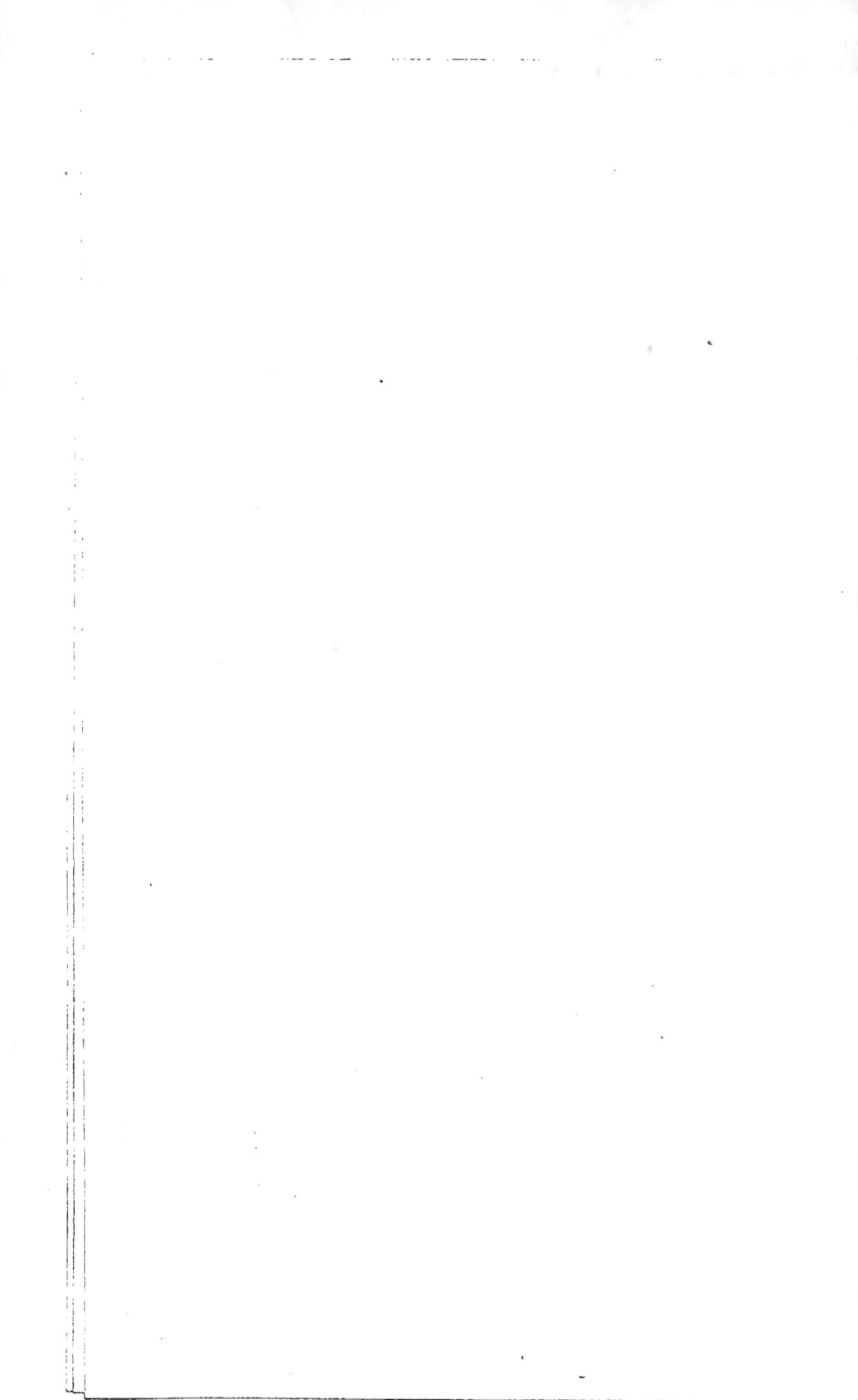

FACULTÉ DE DROIT DE BORDEAUX

DROIT ROMAIN

DE LA GARANTIE EN CAS D'ÉVICTION

DANS LA VENTE

DROIT FRANÇAIS

DE LA GARANTIE

EN MATIÈRE DE VENTE

THÈSE POUR LE DOCTORAT

Soutenue le lundi 26 juillet 1875

PAR

THÉOPHILE DOURDIN

AVOCAT A LA COUR D'APPEL DE BORDEAUX

BORDEAUX

IMPRIMERIE DE J. DELMAS
Rue Sainte-Catherine, 150

1875

FACULTÉ DE DROIT DE BORDEAUX

DROIT ROMAIN

DE LA GARANTIE EN CAS D'ÉVICTION

DANS LA VENTE

DROIT FRANÇAIS

DE LA GARANTIE

EN MATIÈRE DE VENTE

THÈSE POUR LE DOCTORAT

Soutenue le lundi 26 juillet 1875

PAR

THÉOPHILE DOURDIN

AVOCAT A LA COUR D'APPEL DE BORDEAUX

BORDEAUX

IMPRIMERIE DE J. DELMAS

Rue Sainte-Catherine, 139

—

1875

FACULTÉ DE DROIT DE BORDEAUX

PROFESSEURS :

MM. Couraud ✳, doyen, officier de l'Instruction publique, professeur de Droit romain, chargé du cours d'Économie politique.

Baudry-Lacantinerie, officier d'Académie, professeur de Droit civil.

Ribéreau, officier d'Académie, professeur de Droit commercial.

Saignat, officier d'Académie, professeur de Droit civil.

Barckhausen, professeur de Droit administratif.

Deloynes, officier d'Académie, professeur de Droit civil.

Lanusse, professeur de Droit romain.

Vigneaux, professeur de Procédure civile et de Droit criminel, chargé du cours d'Histoire du droit.

Le Coq, agrégé, chargé du cours de Droit maritime.

Levillain, agrégé, chargé du cours de Droit criminel.

Marandout, agrégé, chargé du cours de Procédure civile.

Gide, agrégé, chargé du cours de Pandectes.

MM. Ravier, officier d'Académie, secrétaire agent-comptable.

Gaultier, étudiant en droit, secrétaire adjoint.

Mortet, étudiant en doctorat, bibliothécaire.

COMMISSION DE LA THÈSE.

Président. . . . . . M. Saignat, professeur.

Suffragants . . . . {
M. Baudry-Lacantinerie, professeur.
M. Vigneaux, professeur.
M. Levillain, agrégé.
M. Gide, agrégé.

A LA MÉMOIRE DE MA MÈRE

———

A MON PÈRE

DROIT ROMAIN

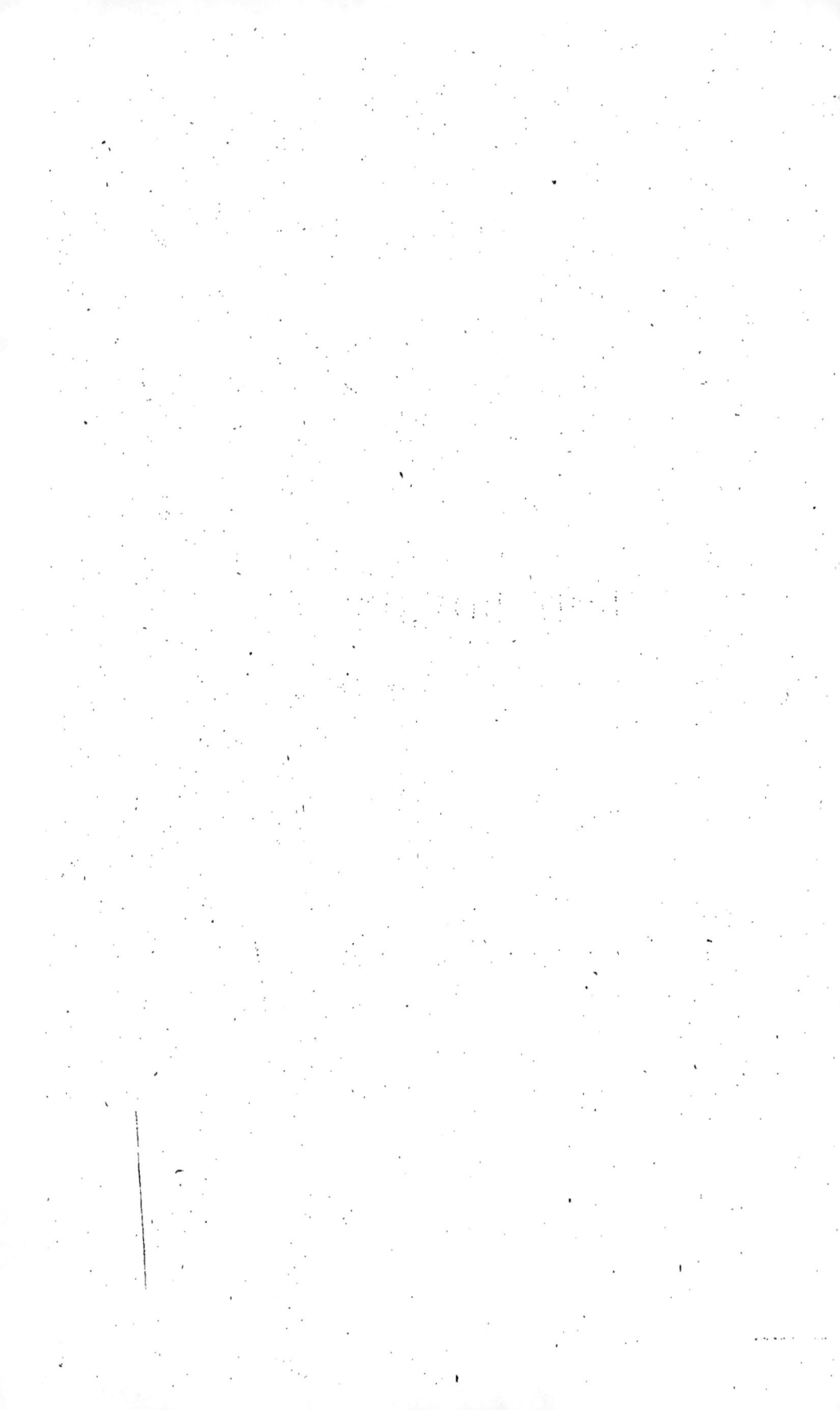

BIBLIOGRAPHIE

POTHIER . . . . . . *Pandectes de Justinien.*

CUJAS . . . . *Commentaires sur le* Corpus Juris.

VOËT. . . . . *Ad Pandectas.*

DONEAU. . . . . . . *Opera* (t. X.)

MOLITOR . . . . . . *Obligations* (t. I.)

M. DEMANGEAT . . . *Cours élémentaire de droit romain.*

M. LABBÉ . . . . . *De la garantie* (*Revue pratique*, t. XIX).

M. EYSSAUTIER. . . *De l'obligation de garantie* (*Revue critique*, t. XI).

M. PLANTERROSE . . *Thèse de doctorat.* Paris, 1856.

M. RIDENT . . . . . *Id.* *id.* 1872.

DROIT ROMAIN

DE LA GARANTIE EN CAS D'ÉVICTION

DANS LA VENTE

NOTIONS PRÉLIMINAIRES.

Le vendeur, à Rome, n'est pas tenu de transférer la propriété de l'objet vendu ; il doit livrer la chose, en donner la possession à l'acheteur ; en un mot, suivant l'expression romaine : « Præstare emptori rem » habere licere. » Il transmet à l'acquéreur tous les droits qu'il avait lui-même, droits plus ou moins étendus suivant les circonstances.

Quand l'acquéreur vient à perdre la chose qu'il a acquise, alors naît pour le vendeur l'obligation de garantie, l'obligation de fournir l'avantage qui a été le but du contrat.

Cette action en garantie, les Romains l'exerçaient de deux manières, et c'est l'étude de ces deux recours accordés à l'acquéreur contre son vendeur qui fait l'objet de ce travail.

Le premier était inhérent à la vente, découlait de sa nature et pouvait toujours être exercé : c'est l'action *ex empto*, qui est la conséquence de la vente elle-même, action de bonne foi dans laquelle le préteur peut et doit tout mettre en balance pour déterminer le préjudice éprouvé par l'acheteur et l'indemnité qu'aura à payer le vendeur.

Mais les textes nous apprennent que les Romains avaient l'habitude, lorsqu'ils faisaient une vente, d'ajouter certaines stipulations qui rendaient plus étroite l'obligation du vendeur. Les stipulations les plus fréquentes étaient la promesse : « Præstare habere » licere, » et la *cautio duplæ*. La première remonte à l'époque de la mancipation. Pour être sûr de conserver la chose, l'acheteur obligeait le vendeur à la préserver de toute éviction.

Cette stipulation avait l'avantage de permettre à l'acheteur de se placer, à son choix, au moment de la stipulation, ou au moment de l'éviction, pour se faire indemniser de la perte de la chose et en obtenir la valeur. Agissait-il par l'action *ex empto*, on se plaçait au moment de l'éviction ; usait-il de l'action *ex stipulatu,* c'était à l'époque de la stipulation qu'on calculait la valeur de l'objet vendu. L'acheteur ajoutait généralement une peine à la stipulation dont nous parlons pour le cas où l'éviction se serait réalisée.

Cette stipulation devint inutile du jour où la vente fut un contrat consensuel ; elle se conserva cependant comme usage. Ses formes variaient; tantôt le vendeur s'engageait « neque per se, neque per heredes suos » fieri quominus emptori habere liceat. » C'est là d'ailleurs l'obligation normale de garantie ; ni le vendeur ni ses héritiers ne peuvent évincer l'acheteur. Quelquefois même, dans un sens général, le vendeur s'engageait « neque per se, neque per alium...... » C'était là une stipulation nulle, car l'obligation du promettant n'apparaissait pas dans le cas d'inexécution. La stipulation devenait sérieuse et obligatoire quand on y ajoutait une peine. Paul, dans la loi 13, *pr.*, au Digeste (45, 1), admet cependant comme valable cette stipulation, même en dehors de toute peine, et l'explique en ces termes que le vendeur promet de faire tout ce qui dépendra de lui pour que l'acheteur ne soit pas troublé dans sa possession : « Spondes ne te curatu- » rum effecturum ut mihi habere liceat. »

La stipulation que les parties avaient l'habitude d'ajouter le plus fréquemment à la vente était la *cautio duplæ,* par laquelle le vendeur s'engageait à payer à l'acheteur le double du prix de vente en cas d'éviction. Elle était dans l'usage à Rome, et considérée comme sous-entendue, à moins de clause absolument contraire. Cette stipulation n'était pas une caution destinée à mettre l'acheteur à l'abri de l'insolvabilité du vendeur en cas d'éviction. Son but était de fixer d'avance l'indemnité qui serait due. Ulpien nous en fait connaître le caractère dans la loi 37, au Digeste (21, 2). Il s'exprime en ces termes : « Emp- » tori duplam promitti a venditore oportet, nisi aliud

» convenit : non tamen ut satisdetur, nisi specialiter
» id actum proponatur; sed ut repromettatur. » Et
dans la loi 4, au même titre, Ulpien avait déjà dit :
« Illud quæritur an is qui mancipium vendidit, debeat
» fidejussorem ob evictionem dare quem vulgo auc-
» torem secundum vocant? Et ex relatum non debere;
» nisi hoc nominatim actum est. »

Nous avons dit que la *stipulatio duplæ* était sous-
entendue dans toute les ventes. Si donc elle avait été
omise, l'acheteur pouvait, par l'action *ex empto*, obliger le vendeur à s'y soumettre. Ulpien nous apprend
d'ailleurs, dans le paragraphe 1 de la loi 37, *de Evictionibus*, au Digeste, que c'était seulement dans les ventes d'objets précieux que la promesse du double était
d'usage. Pour les objets de moindre valeur on se con-
tentait de la promesse du simple. On considérait no-
tamment comme choses précieuses les esclaves, les
immeubles, les pierreries, et Doneau, dans son *Com-
mentaire* (chap. i, § 5, t. X, p. 1332), au titre de
l'éviction, nous apprend que, d'après l'interprétation
de Paul, on doit, en principe, considérer comme précieux tous les objets dont la valeur est supérieure à
deux sous d'or. Ceux dont la valeur n'atteint pas ce
chiffre seront, d'après Ulpien, rangés dans la catégorie des objets *contemptibilia*.

Par l'action *ex empto*, l'acheteur obtiendra donc du
vendeur la *cautio duplæ*, car cette action donne droit
à tout ce qui est consacré par l'usage, et le silence du
contrat sur cette stipulation ne suffit pas pour
l'exclure. Mais une difficulté se présente. Le vendeur,

s'il refuse de faire volontairement la promesse, sera
condamné au double du prix; mais devra-t-il le payer
immédiatement à l'acheteur? Si l'éviction s'est déjà
réalisée, rien de plus juste; mais si l'acheteur est encore en possession de l'objet vendu, rien ne serait
plus inique que de forcer le vendeur à ce paiement. Il
pourrait toujours y échapper en faisant la promesse
éventuelle du double en cas d'éviction. Mais c'est avec
grande raison peut-être qu'il refuse de la faire. Il est
possible qu'il en ait été dispensé au moment du contrat. Il peut aussi soutenir que la valeur de l'objet
vendu est inférieure à celle qui entraîne la promesse
du double, ou que dans le lieu où la vente a été conclue cette promesse n'est pas en usage. Si l'action *ex
empto* était arbitraire, on comprendrait plus facilement
cette condamnation au double; l'acheteur serait, en
effet, placé entre deux partis : exécuter l'*arbitrium* du
juge, c'est-à-dire promettre le double, ou le payer
immédiatement. Mais aucun texte de loi ne nous permet
de penser que l'action *ex empto* fût arbitraire ou pût
le devenir. Si la condamnation au double était la mesure exacte de l'intérêt du demandeur, il serait naturel d'admettre que l'exécution pouvait être immédiate.
Mais ici cette condamnation est exorbitante. M. Labbé
(*De la Garantie*, n° 10; *Revue pratique*, t. XIX) pro-
pose comme combinaison équitable de ne faire exécuter le jugement que dans le cas où l'éviction se réaliserait. Il naîtrait du procès une action *judicati* en
faveur de l'acheteur et qui lui tiendrait lieu de l'action
ex stipulatu.

Rien ne prouve qu'il en fût ainsi. Nous devons croire cependant que les Romains avaient été frappés de l'injustice à laquelle aurait conduit l'exécution immédiate de la sentence, et avaient dû trouver, soit par une condamnation conditionnelle, soit par l'intervention du préteur, un moyen d'y remédier. Nous trouvons d'ailleurs, dans la loi 40, de Paul, au Digeste (9, 2), *ad Legem Aquiliam*, un exemple de sentence dont l'exécution est différée : un homme fait entendre des témoins relativement à l'existence d'une créance conditionnelle avant la réalisation de la condition pour suppléer à l'insuffisance de son titre. Le juge condamnera le débiteur, mais l'exécution sera différée jusqu'à la réalisation de la condition.

Bien que, par l'action *ex empto*, on arrivât à obtenir la promesse du double, l'acheteur avait cependant intérêt à faire intervenir cette stipulation. Elle était habituelle, mais non nécessaire ; si le contrat était muet à son sujet, le vendeur pouvait prétendre qu'elle avait été écartée d'un commun accord. De là un débat que la promesse du double rendait impossible. De plus, comme le pense M. Labbé (*loc. cit.*, n° 11), il est probable que si un trop long laps de temps s'écoulait entre la vente et l'éviction sans que la promesse du double fût intervenue, le vendeur pouvait prétendre qu'il en avait été dispensé.

Cette stipulation était enfin utile dans les pays où elle n'était pas en usage ou pour les choses au sujet desquelles on avait pas coutume de la faire intervenir.

Action *ex empto*, action *ex stipulatu*, telles sont donc les deux manières dont la garantie s'exerçait à Rome. Leurs différences caractéristiques, nous les saisissons maintenant d'un coup d'œil. L'action *ex empto* est une action de bonne foi dans laquelle l'appréciation du juge est appelée à jouer un grand rôle. L'action *ex stipulatu* est une action de droit strict dans laquelle les parties sont à l'abri de l'appréciation toujours incertaine d'un homme. Cette action, qui participe de l'esprit formaliste des Romains, lie l'acheteur et le vendeur de ces liens étroits et sacrés qui entourent, à Rome, les contrats.

CHAPITRE PREMIER.

DE L'ÉVICTION.

L'éviction, le mot lui-même l'indique, *evincere*, suppose une lutte judiciaire dans laquelle une personne succombe, dans le cas qui nous occupe, l'acheteur ; il n'obtient pas l'avantage qu'il s'était proposé au moment de la vente. Peu importe la manière dont l'acheteur est dépouillé, que ce soit par une condamnation du juge, que ce soit dans une revendication, que ce soit enfin en payant l'estimation du litige pour demeurer en possession de l'objet acquis ; dans tous ces cas, l'éviction est réalisée et ouvre le recours en garantie.

Quatre conditions sont nécessaires pour que l'éviction donne lieu à l'exercice de l'action *ex stipulatu*. Il faut :

1° Qu'elle procède d'une cause antérieure à la vente ;

2° Qu'il y ait *ablatio rei ;*

3° Que cette *ablatio rei* ait lieu en vertu d'un jugement conforme au droit ;

4° Que le vendeur ait été mis en cause par l'acheteur.

Première condition : l'éviction doit procéder *ex antiqua causa*, c'est-à-dire d'une cause antérieure à la vente, dont le germe au moins existait au moment où elle a été conclue. L'éviction, en effet, n'est imputable au vendeur que lorsqu'il l'a fait naître en quelque sorte en vendant un objet sur lequel des tiers avaient des droits. L'*antiqua causa* existe, par exemple, dans la vente de la chose d'autrui, dans la vente de la chose hypothéquée. Là s'arrête, en principe du moins, l'obligation du vendeur. Mais cependant il serait tenu même des évictions dont les causes sont postérieures à la vente s'il les avait fait naître. C'est ce qui se produirait dans le cas d'une seconde vente consentie par le vendeur sur un objet déjà vendu.

L'éviction doit procéder d'une cause antérieure. Est-il utile de le dire, puisque, d'après les principes généraux, les risques à partir de la vente sont à la charge de l'acheteur? Ces deux règles, qui semblent au premier abord se confondre, sont distinctes cependant, car s'il est vrai que l'acheteur doive supporter les risques de la chose, ce qui n'entraîne pas pour le vendeur l'obligation d'en garantir la perte, il n'est pas exact, en sens inverse, que certaines pertes dont l'acheteur ne court pas le risque fassent naître pour le vendeur l'obligation de garantie. (M. Labbé, n° 12, *de la Garantie*.) En ce cas, la chose est aux risques du vendeur. Exemple : une vente est faite sous condition suspensive; tant que cette condition ne s'est pas réalisée, la chose vendue est aux risques du vendeur; c'est lui qui devra supporter les conséquences de sa perte; mais il n'est pas garant cependant des cas fortuits qui se produisent jusqu'à la réalisation de cette condition. (Paul, L. 8, *pr.*, D., 18, 6, *de Periculo et commodo rei venditæ.*)

Deuxième condition de l'éviction : il doit y avoir *ablatio rei,* c'est-à-dire enlèvement de l'objet acheté à l'acheteur. S'il conserve la chose, si même, l'ayant perdue, il lui reste un moyen d'en recouvrer la possession, il n'y a véritablement pas *ablatio rei.*

La loi 57, *pr.,* *de Evictionibus,* au Digeste, nous apprend que l'*ablatio* n'a pas lieu par exemple, et que la garantie ne peut prendre naissance dans le cas où la sentence du juge n'a pas été suivie d'exécution ; et ce cas se présente si celui en faveur duquel a été rendu le jugement d'éviction meurt sans successeurs et que ses biens ne soient appréhendés ni par le fisc ni par les créanciers.

Comme nous l'avons dit plus haut, tant qu'il reste à l'acheteur possibilité de conserver la chose, il n'a pas de recours. C'est ce qui se produit si, vaincu dans une revendication, il peut encore intenter l'action Publicienne. Nous en voyons un exemple au Digeste, dans la loi 39, par. 1, *de Evict.* Un esclave acheté par votre esclave a été revendu à un tiers sans votre autorisation. Si le tiers dépossédé de l'esclave le réclame par l'action en revendication, il succombera parce qu'il n'est pas propriétaire ; mais il peut alors intenter l'action Publicienne, car il ne réclame plus la propriété, mais simplement la possession. L'exception de la chose jugée ne peut lui être opposée, car l'objet de la demande est autre. Le tiers a donc encore un recours, et l'*ablatio rei* n'a vraiment pas lieu.

Il eût été contraire à la justice que l'acheteur, qui est privé de l'action en garantie parce qu'il n'est pas dépouillé, restât sans défense aucune. Aussi pouvait-il, lorsqu'il s'apercevait du vice, refuser de prendre livraison de la chose ou exiger, par l'action *ex empto*, que l'acheteur la libérât avant de la lui livrer. Il pouvait encore, grâce à l'exception de dol, refuser de payer le prix. Papinien nous apprend (L. 18, par. 1, D., 18, 6) que le vendeur ne pourra contraindre l'acheteur à ce paiement qu'en lui fournissant des *fidejussores idonei* pour sûreté du remboursement éventuel.

La cause de la garantie est l'éviction. Si donc, avant qu'elle se réalise, la chose vendue périt par cas fortuit, il ne peut plus être question de garantie. C'est dans la loi 26 au Code (8, 45), *de Evict.*, que nous trouvons énoncé ce principe, que nous voyons aussi au Digeste. (L. 21, *de Evictionibus.*) Si le cas fortuit avait pour cause le dol du vendeur, l'action en garantie prendrait cependant naissance.

Si le cas fortuit se produit après la *litis contestatio* et que le juge décide que la chose appartenait à autrui, l'action *ex stipulatu* pourra être exercée. (L. 16, D., *de Rei vindic.*, et L. 11, *Judicatum solvi.*) La chose, qui, en réalité, n'existe plus, existe encore au point de vue fictif des rapports de droit, et le juge est dès lors appelé à se prononcer sur la question de savoir quel en était le propriétaire. (*Sic* Doneau, *Commentaria in Codicem, de evictionibus, ad legem : Si quis tibi.*)

La faute du juge et l'ordre du prince sont considérés comme des cas fortuits. (L. 11, *de Evictionibus*, au Digeste.)

L'action en garantie prend naissance, que l'éviction

soit totale ou partielle. Si l'acheteur est privé soit de
la nue propriété, soit de l'usufruit, il pourra recourir
contre son vendeur. (L. 38, par. 3, D., 45, 1.) La loi
25, *de Verborum significatione*, au Digeste, fait une
objection apparente à cette proposition. Elle s'exprime
en ces termes : « Recte dicimus cum fundum totum
» nostrum esse, etiam cum ususfructus alienus est. »
Ne semble-t-il pas résulter *a contrario* qu'il n'y a pas
éviction lorsque l'usufruit nous est enlevé? Mais ce
texte est relatif à une matière spéciale, à la revendication, et signifie qu'il n'y a point de plus-pétition lorsqu'on réclame un fonds grevé d'usufruit sans en faire
la déduction. N'est-il pas vrai, si on remonte aux intentions des parties quand la vente a été conclue,
qu'elles ont voulu donner à l'acheteur tous les avantages du fonds, nue propriété et usufruit, et que dès
lors l'enlèvement de celui-ci est une véritable éviction?
Les lois romaines nous fournissent de nombreux textes
à l'appui de cette opinion. (L. 43 et 49, au Digeste, *de
Evictionibus.*)

Il est des cas cependant où l'acheteur ne peut intenter l'action en garantie, bien qu'il ait subi une privation partielle; c'est ce qui arrive lorsqu'un voisin obtient du préteur une servitude sur le fonds vendu, ou
que ce fonds n'a pas la contenance portée au contrat,
à moins, toutefois, en ce qui concerne le second cas,
que le vendeur n'ait indiqué les limites du fonds en
garantissant leur existence. (L. 10, C., 8, 45.) On fait,
en ce cas, une estimation proportionnelle de la partie
enlevée, et sa valeur est payée à l'acheteur. Encore

faut-il, pour que l'action en garantie soit ici donnée, que le vendeur, tout en indiquant les limites du fonds, ne l'ait pas vendu tel qu'il était. C'est ce que la loi 10 (*loc. cit.*) exprime en ces termes : « Quod si finibus » suis, quos demonstravit, agrum vendidit, lis finalis » ad venditorem non pertinet. »

Un autre exemple de la proposition que nous démontrons en ce moment se trouve dans la loi 1 au Code, *de Evict.*; il est relatif à la vente d'une hérédité. Quand l'acheteur est dépouillé de certains objets, l'action en garantie ne lui est pas donnée. L'éviction ne porte pas sur l'objet même de la vente, car, à moins de termes exprès et contraires, la vente d'une hérédité n'est pas une vente de choses particulières, mais d'une qualité, la qualité d'héritier. La même décision s'applique au pécule.

L'action *ex stipulatu* est encore refusée à l'acheteur si l'éviction ne porte que sur les accessoires de la chose vendue, par exemple les instruments aratoires dans la vente d'un champ, ou les vaisseaux vinaires dans la vente d'un vignoble. Les lois 42 et 43, *de Evict.*, citent encore comme ne donnant pas naissance à l'action *ex stipulatu* l'éviction du part d'une esclave ou d'une vache.

La loi 16, par. 1 (D., 21, 2), nous cite un cas où l'action *ex stipulatu* sera donnée, bien qu'il n'y ait pas, à proprement parler, éviction. Cela arrive lorsque l'acheteur, pour conserver la chose, paie la *litis æstimatio*. Celui qui paie, en effet, l'estimation du litige ne possède plus l'objet en vertu de la vente. Mais il faut, pour que l'action *ex stipulatu* soit accordée, que cette estimation soit effectivement payée. (L. 21, par. 1 et 2, D., 21, 2.)

Troisième condition de l'éviction : l'*ablatio rei* doit avoir pour cause un jugement, et un jugement conforme au droit.

Nous l'avons déjà dit, le mot *éviction* indique une lutte, judiciaire du reste, dans laquelle l'acheteur succombe. Or, cette lutte doit se terminer par un jugement qui oblige l'acheteur à abandonner la possession de l'objet vendu.

Dès lors, pas d'éviction, pas de recours en garantie si l'acheteur, allant au-devant de la lutte judiciaire et de ses résultats, se dépouille volontairement des choses qui lui ont été vendues. C'est ce qui aurait lieu s'il mettait en liberté l'esclave acheté. Les cas fortuits ne provenant pas d'un jugement ne suffiront pas pour ouvrir le recours.

Encore faut-il que l'acheteur ne soit pas la cause du jugement rendu contre lui, ce qui peut arriver s'il néglige de faire valoir les faits qui sont en sa faveur. Nous en voyons un exemple dans le cas où il abandonne la possession de l'objet acheté, et de défendeur est obligé de prendre le rôle de demandeur, toujours moins avantageux. L'acheteur est aussi la cause du jugement qui le dépouille, lorsqu'il perd son procès par un pacte *de non petendo* consenti par lui, ou par toute autre exception personnelle : lorsqu'il fait défaut au procès, lorsqu'il n'use pas des moyens de défense que lui suggère son vendeur.

Nous trouvons dans les lois romaines plusieurs exemples de cette nécessité d'un jugement. La loi 9 au Digeste, *de Evict.*, nous apprend qu'il n'y a pas éviction dans le cas où l'acheteur devient l'héritier du propriétaire de la chose qui lui a été vendue par autrui. L'acheteur ne pourrait exercer la revendication que contre lui-même, ce qui est absolument impossible. L'action *ex empto* lui restera cependant, afin qu'il obtienne de son vendeur l'équivalent de l'avantage qu'il s'était proposé en achetant. Autre exemple dans la loi 19, par. 3, au D., *de Negotiis gestis* (L. 3, T. 5), et celui-ci bien plus remarquable encore que le précédent : un *negotiorum gestor* achète une chose qui appartient déjà à celui dont il gère les affaires. Lorsqu'il apprend cette circonstance, que doit-il faire ? Deux partis se présentent à lui : il peut usucaper la chose, mais il s'expose alors, de la part du maître, à l'exercice de l'action *negotiorum gestorum*. Il peut aussi remettre la chose dans le patrimoine de celui dont il administre la fortune. Qu'il s'en garde, car (et c'est là qu'apparaît la fermeté du principe de la nécessité d'une lutte judiciaire) sa restitution étant volontaire, l'éviction n'existe pas et l'action en garantie ne serait pas donnée. Pour éviter cette déchéance, le *negotiorum gestor* devra charger un tiers de revendiquer pour le compte du propriétaire. Quelle subtilité, et cependant quelle logique avec le principe poussé jusqu'à ses dernières conséquences !

Nous trouvons encore un exemple de la nécessité d'un jugement dans la loi 24, au Digeste, *de Evictioni-*

bus : une femme épouse l'homme dont elle a acheté la chose *a non domino;* elle se constitue cette chose en dot et la livre à son mari. Elle ne pourra pas agir par l'action *ex stipulatu* contre son vendeur, parce qu'elle s'est volontairement dépouillée sans qu'un jugement soit intervenu. Mais l'équité veut que cette femme ne perde rien. Aussi Africain, après avoir donné la décision qui précède, lui accorde-t-il l'action *ex empto.*

Peu importe la nature du jugement qui enlève à l'acheteur l'objet vendu. (L. 34, par. 1, D., *de Evict.*) L'action en garantie lui sera donnée, qu'il soit évincé par une revendication directe, par la pétition d'hérédité, par l'action *communi dividundo.* Les lois romaines (L. 39, *pr.,* et 66, par. 1, D., *eod. tit.*) donnent même l'action en garantie lorsque le jugement est rendu suivant le droit prétorien, par exemple dans une *restitutio in integrum.* Mais alors ce n'est pas par une action directe que peut agir l'acheteur évincé : on lui donne une action utile.

L'action *ex stipulatu* ne serait cependant pas donnée si le jugement avait pour cause une action noxale. J'achète un esclave qui vient à être condamné *noxali causa.* Je dois payer une somme d'argent ou abandonner l'esclave. J'aurai bien l'action *ex empto* pour obtenir l'équivalent en argent de l'avantage que l'esclave m'eût procuré; mais l'action *ex stipulatu* me sera refusée par ce motif que, dans l'action noxale, l'abandon de l'esclave n'est que l'alternative, et qu'en réalité j'ai été condamné seulement à réparer le dommage causé par lui. L'action *ex stipulatu* ne serait accordée

à l'acheteur que s'il avait stipulé : « eum hominem de
» quo agitur noxæ esse solutum. » (L. 11, par. 12,
D., *de Act. empt.*, et 11, par. 1, D., *de Evict.*)

Dernière conséquence de la nécessité d'un jugement
pour que l'éviction se réalise : un compromis qui dépouille l'acheteur ne peut faire naître l'action en garantie. Le recours à un arbitre est absolument volontaire : pas de lutte judiciaire, pas d'éviction, et, dès
lors, pas de garantie.

Encore faut-il que le jugement soit conforme au
droit. Si nous supposons une sentence injuste, ce n'est
là qu'un cas fortuit postérieur à la vente et dont le
vendeur n'est pas responsable. Nous trouvons ce principe au Digeste, dans les *Fragments du Vatican*, et au
Code. (L. 5, D., *de Evict.*, *Frag. Vat.; ex empto et
vendito,* par. 8 et 10, L. 8 et 15, C., *de Evict.*) C'est
là un résultat bien dur pour l'acheteur ; mais comment
rendre le vendeur responsable de l'ignorance ou de la
corruption d'un juge, alors qu'il n'a lui-même commis
aucune faute ?

Le vendeur, pour prouver que le jugement n'est pas
conforme au droit, récapitulera en quelque sorte les
faits de la cause, montrera que les moyens de défense
employés par son acheteur auraient dû suffire au gain
du procès si le juge n'eût été d'ailleurs corrompu ou
ignorant. Cette preuve le mettra à l'abri de toute garantie ; il n'est qu'un tiers relativement à ce procès.

Mais si le procès perdu pour les causes dont nous
venons de parler est gagné par le vendeur lui-même,
le point de vue change, et nous retombons alors sous

l'empire de la garantie. Supposons que le vendeur revendique contre son acheteur le bien qu'il a vendu :
celui-ci opposera l'exception de dol. Le juge n'en
tient pas compte, par ignorance ou corruption, et
l'acheteur succombe. Ou bien l'exception n'est pas
opposée. Nous accorderons cependant à l'acheteur
l'action *ex stipulatu,* pour ce motif qu'il a été dépouillé
par celui qui devait le garantir contre tout dépouillement.

La quatrième et dernière condition pour l'exercice de l'action en garantie est la mise en cause du vendeur. C'est là une condition dont la nécessité apparaît
au premier abord. Quoi de plus naturel, en effet, que
de faire intervenir le vendeur dans un procès dont
l'issue l'intéresse à un si haut degré ? Au moins faut-il
qu'il puisse en diriger les débats, faire valoir les
moyens de défense qui peuvent assurer le triomphe de
l'acheteur. Si celui-ci ne se conforme pas à cette dernière condition, s'il laisse son vendeur complétement
étranger au procès et s'il le perd, il est en faute; il
peut être considéré comme le seul auteur de l'éviction, et tout recours lui sera refusé. La loi 8 au Code,
de Evict. (8, 45), le décide ainsi, et le fondement de
cette décision est la présomption que le vendeur eût
fait valoir des moyens de défense qui auraient pu repousser les prétentions du revendiquant.

Mais alors se pose la question de savoir si l'acheteur sera privé de son recours quand il n'aura pas fait
intervenir le vendeur dans un procès insoutenable. De
nombreuses opinions ont été émises sur ce point; mais

en présence de la généralité des termes de la loi 8, en présence de la présomption qui en est la base, à savoir que l'acheteur ne peut se bien défendre seul et sans le secours du vendeur dans le procès en éviction, nous croyons fermement que tout recours sera refusé à l'acheteur s'il ne fait pas la dénonciation prescrite. C'est une présomption *juris et de jure* qui n'admet point de preuve contraire. Et d'ailleurs, ce n'est point une charge bien lourde que de faire cette dénonciation; pourquoi s'y soustraire alors? D'autant plus qu'après l'éviction réalisée, cette appréciation de la justice ou de l'injustice du procès serait fort difficile et varierait suivant les personnes. Quelle serait, en effet, la base de cette appréciation? On voit, dès lors, les inconvénients pratiques des opinions opposées à celles que nous soutenons. Le texte en main, il faut être inflexible, et, la cause fût-elle évidemment injuste, la dénonciation devrait cependant être faite pour assurer le recours en garantie.

Mais l'action *ex stipulatu* sera donnée cependant si la dénonciation ne peut être faite par des circonstances indépendantes de la volonté de l'acheteur. Nous en trouvons deux exemples dans les lois romaines : 1º le vendeur empêche que la mise en cause puisse l'atteindre en se cachant; il est de mauvaise foi, et on le considère comme cité (L. 55, par. 1, et 56, par. 5, D., 21, 2); — 2º le vendeur est absent, et il est impossible de découvrir le lieu où il se trouve. (L. 55, par. 1, et 56, par. 6, D., *eod. tit.*)

L'acheteur conserve encore son recours, s'il a été

formellement dispensé dans le contrat de la dénonciation. (L. 63, *pr.*, D., *de Evict.*)

Nous devons ajouter que la loi 8 (*loc. cit.*) veut une dénonciation en quelque sorte officielle faite par l'acheteur au vendeur. Si celui-ci était informé par ailleurs du procès, le recours ne serait pas donné à l'acheteur. Par la dénonciation, l'acheteur fait connaître au vendeur qu'il a l'intention de l'actionner en garantie. (L. 1, 3, tit. XIX et XX, D., *de Evict.*, 8, 45.)

La dénonciation doit en principe être faite au vendeur; mais on peut la faire également à son mandataire (L. 56, par. 4, D., 21, 2.), et cela même lorsque l'acheteur est présent et n'ignore pas l'existence du procès. Si le vendeur est un pupille, c'est à son tuteur qu'on le dénoncera; mais on le ferait valablement au pupille lui-même, et sans autorisation, si le tuteur était absent. (Même loi, par. 7.) Tout esclave ayant un pécule étant, quant à ce pécule, considéré comme maître, c'est à l'esclave vendeur que la dénonciation devra être faite; si l'esclave était mort, on dénoncerait à son maître. (L. 39, par. 1, D., *de Evict.*) S'il y a eu plusieurs vendeurs, ou si le vendeur décédé a laissé plusieurs héritiers, on dénoncera à chacun d'eux. (L. 61, par. 1, *eod. tit.*) Il n'est jamais nécessaire de dénoncer aux cautions.

La dénonciation est valablement faite à toute époque du procès, même après la *litis contestatio*, pourvu toutefois qu'elle ne soit pas faite à une époque tellement rapprochée de la condamnation qu'il soit impossible au vendeur d'intervenir utilement. (L. 29, par. 2, D., *de Evict.*)

Une controverse s'est produite sur le point de savoir quand il est encore possible de faire la dénonciation, malgré les termes de la loi 29, *de Evict.*, qui semblaient exclure toute difficulté : « dum tamen ne » prope condemnationem id fiat. » Nous venons de les expliquer avec Cujas en ce sens que le recours est conservé dès lors que la dénonciation est faite assez tôt pour que le vendeur puisse efficacement se mêler au procès. On a opposé la loi 29, par. 3 (D., L. 32), dans laquelle Labéon considère la mise en cause comme possible seulement « priusquam judicium accipiatur, » ce qui semblerait l'exclure après la *litis contestatio*. Cujas a concilié ces deux textes en disant que Labéon, dans la loi 29, *de Leg.*, a voulu seulement préciser une époque à laquelle la dénonciation pourra être faite sans dire cependant que, cette époque passée, toute dénonciation serait tardive. (Cujas, *Recitationes solemnes, ad tit. de leg., ad legem qui concubinam,* § *si heres tibi.*)

Nous dirons même que l'appel interjeté par l'acheteur lui permettra de conserver son recours, s'il met en cause son vendeur dans cette nouvelle instance. Tout recommence, en effet ; le premier procès est considéré comme non avenu, et dès lors le vendeur, intervenant au second, pourra faire valoir tous ses moyens de défense et éviter, en triomphant, le recours en garantie qui le menaçait. (Voët, *ad Pandect., de Evict.*, n° 23, *in fine.*)

Si l'acheteur ne fait pas appel du jugement qui l'évince, perdra-t-il son recours en garantie ? Il faut répondre non sans hésiter, si le vendeur a été mis en cause. (L. 63, par. 1, D., 21, 2). Il a pu faire valoir ses moyens de défense au cours de l'instance, et enfin, présent au jugement, en connaissant le dispositif, il pouvait lui-même interjeter appel. Pas de difficulté sur ce point. Mais que décider dans le cas où le vendeur n'est pas intervenu au procès ? On a soutenu que le recours était perdu pour l'acheteur, et, pour arriver à cette solution, on raisonne *a contrario* sur la loi 63, que nous venons de citer. D'après elle, malgré qu'il n'ait pas appelé de la sentence qui l'évince, l'acheteur n'est pas déchu, si la condamnation a été prononcée devant le vendeur, « *venditore præsente.* » Donc, dit-on, si le vendeur n'est pas présent, le recours est perdu, à moins d'appel ; il y aurait acquiescement de l'acheteur. Mais Cujas donne à ces mots de la loi, « *venditore non præsente,* » un tout autre sens que celui qu'ils paraissent avoir au premier abord. Ils signifient que le vendeur avait été mis en cause sans que, pour cela, il fût en réalité présent au procès. Il était cité, il était *præsens*, et dès lors le vendeur qui est en règle ne perdra pas son recours faute d'appel. Cependant Cujas ne le décide ainsi que lorsque la sentence qui prononce l'éviction est conforme au droit : si elle n'était pas fondée, l'acheteur serait en faute d'avoir perdu un moyen de la faire réformer, et dès lors le recours en garantie ne pourrait lui être accordé.

Qui doit faire la *denuntiatio ?* Elle doit ordinairement être faite par l'acheteur ou par ceux qui le représentent naturellement, c'est-à-dire par ses héritiers. Mais toute personne peut intervenir dans l'intérêt de l'acheteur comme son *defensor*, et faire en son nom la *denuntiatio*. Mais il y a un danger pour le vendeur à accepter ce *defensor*, car il y aura *res inter alios acta* pour l'acheteur qui pourrait intenter plus tard une action en revendication contre le tiers qui aurait triomphé dans le procès en éviction, et le vendeur se trouverait de nouveau tenu ; aussi peut-il exiger du *defensor* qu'il s'engage à faire ratifier son intervention par l'acheteur, en fournissant la caution spéciale, « *rem ratam emptorem habiturum.* » (L. 75, D., *de Procuratoribus*, 3, 3.)

Le vendeur *laudatus*, c'est-à-dire mis en cause, doit tenir compte de cette dénonciation, et se mettre en mesure d'y répondre.

Au point de vue du tiers qui intente le procès en revendication, le vendeur, même lorsqu'il est mis en cause, n'est rien. C'est l'acheteur, possesseur de la chose, qui est personnellement et directement attaqué. L'intervention du vendeur, vis-à-vis du revendiquant, ne peut donc avoir lieu que du chef de l'acheteur. Il sera, ou son *defensor* intervenant d'office, ou son *procurator*. Mais cette procuration sera la procuration spéciale connue en droit romain sous le nom de *procuratio in rem suam*. Le vendeur est dispensé de rendre compte, et, en dernière analyse, c'est à lui que profite ou que nuit le résultat du procès. L'acheteur, en ce cas, bien qu'il conserve son recours, ne s'occupera pas de l'instance.

Mais nous ne voyons nulle part, dans les lois romaines, que le vendeur soit obligé, sur la dénonciation, de prendre à sa charge l'ennui d'un procès à soutenir. Il peut s'en remettre complétement à l'acheteur, qui, dans ce cas, devra soutenir le procès seul; mais que le vendeur ne se plaigne pas alors des moyens de défense qui seront employés; peut-être le revendiquant n'eût-il pas triomphé si le vendeur eût soutenu le procès lui-même. Il sera donc en faute, et devra en supporter les conséquences, car l'acheteur, mis en règle par la dénonciation, n'aura pas perdu son action en garantie. Lorsque l'acheteur soutient le procès lui-même, les lois romaines lui permettent d'opposer au tiers revendiquant les exceptions même personnelles au vendeur. (L. 28; C., 8, 45.) Celui-ci ne peut s'en plaindre, car il y va, pour lui, d'un intérêt capital.

De même qu'un tiers fait valablement la dénonciation au vendeur, celui-ci peut intervenir d'office au procès, bien qu'il n'ait pas été prévenu officiellement de son existence, et même contre la volonté de l'acheteur présent. A Rome, on peut rendre meilleure la situation d'un individu, même lorsqu'il s'y oppose. Il y a de plus, ici, un intérêt moral pour le vendeur à intervenir, afin que son honneur sorte intact du procès pendant, et qu'il puisse montrer à tous sa bonne foi au moment de la vente.

Mais cette intervention volontaire du vendeur ne conserverait pas à l'acheteur son recours contre lui, si le revendiquant triomphait. (L. 20, C., 8, 45.) La raison de le décider ainsi, c'est que cette intervention officieuse est un service rendu à l'acheteur par le vendeur, et qui ne peut nuire à ce dernier. — La même loi interdit à l'acheteur de plaider à nouveau (moins le cas d'appel), du chef du vendeur contre le revendiquant. Le vendeur, en effet, n'a plus aucun droit sur la chose vendue, puisqu'il s'en est dessaisi par la vente ; il est impossible d'intenter un procès en son nom.

Gaius nous apprend, dans la loi 57, par. 1 (D., *de Evict.*), que le recours en garantie, une fois ouvert, est irrévocable, et que la *stipulatio duplæ* ne peut plus être résolue quand elle a été commise. Ainsi la chose dont l'acheteur a été évincé peut revenir en sa possession à un titre gratuit quelconque. Il n'en conserve pas moins son action, parce que ce n'est pas en vertu de la vente qu'il a la chose. Aussi, dans la loi 35 (*eod. tit.*), Paul nous dit-il que la solution sera contraire, si c'est par suite de la vente même que l'acheteur conserve l'objet ; et il nous en donne un exemple, dans le cas où c'est un créancier hypothécaire de la chose qui a triomphé au regard de l'acheteur, dans le procès en éviction. Si avant la vente de la chose par le créancier, celui-ci est désintéressé par le vendeur, l'acheteur qui reste en possession de l'objet ne peut exercer de recours en garantie. Et cela par ce motif que, jusqu'à la vente de la chose hypothéquée, la vente primitive n'est pas résolue, et que c'est en vertu même de cette vente que l'acheteur conserve l'objet.

En terminant ce qui est relatif à la mise en cause du vendeur, nous devons ajouter que c'est devant le juge chargé du procès en éviction, que le vendeur, *laudatus,* doit prendre le parti de son acheteur.

Nous venons d'examiner les conditions nécessaires à l'ouverture du recours en garantie, s'exerçant par l'action *ex stipulatu.* Pour l'action *ex empto,* qui est une action de bonne foi, l'équité avait fait admettre quelques tempéraments.

En ce qui concerne l'*ablatio rei judicio,* on est moins sévère. Du moment que l'acheteur ne possède plus en vertu de la vente, l'action *ex empto* lui est accordée, alors même que l'objet est encore entre ses mains. C'est ce qui se produit quand l'acheteur devient héritier du vrai propriétaire de la chose vendue. (C., L. 9 et 41, par. 1, D., *de Evict.)* — Nous avons vu le cas où une femme achète d'un tiers une chose qui appartient à son mari, et se la constitue en dot. Nous lui avons refusé l'action *ex stipulatu,* car elle s'est volontairement dessaisie de l'objet; mais nous lui accorderons l'action *ex empto.* Papinien (L. 66, par. 2., D., *eod. tit.*) accorde l'action *ex empto* à un second vendeur qui paie la *litis æstimatio* au revendiquant, pour éviter l'éviction de son acheteur.

En ce qui concerne la *denuntiatio litis,* Dumoulin pense que l'action *ex empto* sera accordée à l'acheteur qui ne l'aurait pas faite, si la justice de l'éviction était évidente. La loi 8, au Code (8, 45), donne une décision contraire, mais elle doit s'appliquer au cas où le danger d'éviction n'était pas sérieux. (En ce sens, L. 11, par. 12, 19, 1, et L. 24-21, 2, au Digeste.)

CHAPITRE II.

ÉTENDUE DE L'OBLIGATION DE GARANTIE.

De ses modifications au point de vue extensif et restrictif.

Si l'obligation de garantie est de la nature de la
vente, si elle en est presque toujours la conséquence,
elle n'est pas de son essence, et on comprend sans
peine que les parties puissent la faire disparaître complétement, ou seulement la restreindre, ou, en sens
contraire, l'étendre.

La garantie varie d'abord suivant l'objet de la vente.
Dans la vente des choses corporelles, nous avons vu,
au chapitre précédent, à propos de l'*ablatio rei,* comment l'obligation de garantie est étendue ou restreinte,
suivant que telle ou telle chose est enlevée à l'acheteur. Nous avons dit que la privation de l'usufruit
suffisait pour permettre l'exercice de l'action *ex stipulatu.* Nous ajoutons ici avec Ulpien (L. 38, par. 3,
D., 45, 1) que le droit d'usage enlevé à l'acheteur suffirait pour lui donner cette action : « Si quis forte non
» de proprietate sed de possessione nuda controver-
» siam fecerit vel de usufructu vel de quo alio jure
» ejus quod distractum est, palam est committi stipu-
» lationem. » Ces autres droits dont parle le juriscon-

sulte sont le droit de superficie ou le droit spécial, connu à Rome sous le nom de *jus in agro vectigali*.

Mais que déciderons-nous en ce qui concerne les servitudes prædiales? C'est un point que nous n'avons fait qu'indiquer, lorsque nous avons dit que la stipulation n'est pas commise quand un tiers obtient du préteur la concession d'une servitude de passage sur le fonds vendu. Trois opinions divisent les auteurs sur ce point. Nous pensons que toute servitude, même ignorée de l'acheteur, et exercée par un tiers sur la chose après la vente, ne constitue pas une éviction et ne donne pas ouverture au recours en garantie. Ce système se fonde sur deux textes principaux : A propos des servitudes, Venuleius nous dit (L. 75, D., *de Evict.*) : « .... Existimant venditorem ob evictionem » teneri non posse..... nisi ut optimus maximusque » esset traditus fuerit fundus. » Et Celsus (L. 59, D., 18, 1, *de Cont. empt.*) s'exprime en ces termes : « Cum venderes fundum, non dixisti ita ut optimus » maximusque : verum est quod Quinto Mucio place- » bat, non liberum, sed qualis esset, fundum præstari » oportere : idem et in urbanis prædiis dicendum est. » Bien entendu, comme le disent les jurisconsultes, faut-il que le vendeur n'ait pas déclaré le fonds « *uti optimus maximus.* » (Voir M. Labbé, *Traité de la garantie,* n° 17.) Il y aurait, en ce cas, étendue de la garantie, et le vendeur serait même tenu de l'exercice d'une servitude sur le fonds. Le vendeur serait encore responsable de son dol et devrait, de ce chef, indemniser l'acheteur, si un tiers avait un droit de servitude.

Il y aura dol de la part du vendeur s'il cache volontairement l'existence des servitudes ou s'il ne les déclare pas lorsqu'on le lui demande.

Une seconde opinion soutenue par Cujas ne donne pas d'action en garantie à un acheteur obligé de subir sur le fonds l'exercice d'une servitude. Mais, dominé par ce principe que nul ne doit s'enrichir aux dépens d'autrui, Cujas accorde à l'acheteur une action *quanti minoris*. Il obtiendra ainsi la valeur en argent de ce dont il est en quelque sorte privé. Ce système s'appuie sur un fragment d'Ulpien (L. 61, D., 21, 1, *de Ædil. edicto*) où l'on trouve ces mots : « Quoties de servitude » agitur, victus tamen debet præstare, quanti minoris » emisset emptor, si scisset hanc servitutem imposi-» tam. » Et pour repousser toute distinction entre les servitudes occultes et les servitudes apparentes, distinction qui semblerait résulter des derniers mots du jurisconsulte, cette opinion dit que l'exercice d'une servitude par un tiers ne constitue pas une véritable éviction ; c'est un vice du fonds qui le déprécie, mais qui n'est pas rédhibitoire. Cette interprétation est formellement contredite par les deux textes que nous avons cités à l'appui de notre opinion, et qui mettent le vendeur, en ce qui concerne les servitudes, à l'abri de tout recours.

Il y a un moyen d'expliquer la loi 61 d'Ulpien (*de Æd. edic.*), même en refusant toute action à l'acheteur. Il y a des cas, en effet, et parmi eux le dol, où le vendeur est tenu à raison de l'exercice d'une servitude sur le fonds. Alors la loi d'Ulpien trouve sa place.

3

Même dans ce cas, pas d'éviction. Mais comme l'acheteur doit être indemnisé, c'est par l'action *quanti minoris* qu'il obtiendra cette indemnité.

Et comment concilier, dira-t-on, votre opinion avec celle de Cujas, où domine ce principe que nul ne doit s'enrichir aux dépens d'autrui? Par cette considération que presque toujours l'exercice d'une servitude ne produit ni augmentation de fortune ni appauvrissement. En général, les servitudes sont des valeurs insignifiantes; elles découlent, on peut presque le dire, de la nature des propriétés; elles se compensent mutuellement. Les propriétaires, d'ailleurs, évitent toujours avec soin de trop grever leurs propriétés. Mais si le vendeur avait établi au préjudice de son fonds une servitude dans le but unique de porter tort à son acheteur, celui-ci pourrait invoquer le dol et obtenir une indemnité.

Une troisième opinion sur ce point distingue entre les servitudes apparentes ou cachées; mais cette distinction ne s'appuie sur aucun texte formel.

La garantie varie encore dans les ventes de choses incorporelles.

La vente d'une servitude d'abord. Elle peut se présenter de deux façons différentes :

1º Un homme, moyennant un prix, s'engage à fournir à autrui une servitude sur un objet déterminé. Dans la pratique, on est presque toujours propriétaire des fonds sur lesquels on s'engage à fournir des servitudes, mais ce n'est pas là une condition essentielle.

2º On peut encore céder à autrui l'exercice utile

d'une servitude déjà constituée et dont on est le titulaire ou dont on se prétend tel. On peut céder un usufruit, par exemple; ce n'est point le droit lui-même qui est cédé, c'est impossible, mais c'est l'exercice utile de ce droit.

Le vendeur d'une servitude est tenu à la garantie lorsque son acheteur, pour une cause antérieure à la vente, ne peut jouir de l'avantage qu'il s'était proposé.

Vente d'une créance. — Pour que cette vente soit efficace et utile à l'acheteur, deux conditions sont nécessaires : la créance doit exister, et le débiteur être solvable. Le vendeur n'est tenu de la garantie que sur un point, l'existence de la créance; il ne répond pas de la solvabilité du débiteur. La créance doit donc exister telle qu'elle a été vendue; elle doit s'élever à la même somme, et l'action qui en assure le recouvrement n'être paralysée par aucune exception. Telle est la garantie normale en dehors de toute convention particulière. (L. 4, D., 18, 4; *de Her. vel act. vend.;* L. 74, par. 3, D., 21, 2, *de Evict.*)

Mais il permit aux parties d'augmenter la responsabilité du vendeur en l'obligeant à garantir la solvabilité du débiteur au moment de la vente : « Nisi » aliud convenit, » dit Ulpien dans la loi 4, *de Her. vend.,* au Digeste. La solvabilité postérieure à la vente rentre dans la catégorie des cas fortuits, et reste par cela seul à la charge de l'acheteur; il pourrait cependant stipuler que son action en garantie s'étendra jusque-là. — Si le vendeur était coupable de dol, avait employé des manœuvres frauduleuses pour faire croire à son acheteur que le débiteur est solvable, il serait tenu à ce titre-là, et l'acheteur pourrait recourir contre lui par l'action même du contrat.

Nous avons à résoudre une importante question. Le vendeur est-il garant des accessoires de la créance, tels que fidéjussions, hypothèques ou gages? Deux systèmes sont en présence sur ce point. Le texte sur lequel s'appuient les controverses est une loi de Paul. (L. 30, D., 20, 1, *de Pignoribus et hypothecis.*) « Periculum pignorum nominis venditi ad emptorem » pertinet; si tamen probetur eas res obligatas » fuisse. » Que signifie le mot « periculum », quel est ce danger auquel sont exposés les accessoires de la créance? Des périls postérieurs à la vente ou relatifs à la solvabilité du débiteur, il ne peut en être question, car ils rentrent dans la catégorie des cas fortuits. Nous ne pouvons donc considérer que les faits antérieurs à la vente, et qui peuvent compromettre la solidité de ces accessoires. Comment peuvent-ils être compromis? De deux manières : ou les valeurs sont insuffisantes pour garantir la créance, ou l'acheteur peut être évincé de ces accessoires. Et Cujas et Pothier, et avec eux tous ceux qui embrassent cette doctrine, logiques jusqu'au bout, le texte de Paul en main disent : « Periculum..... ad emptorem pertinet. » C'est tant pis pour l'acheteur, c'est à lui de supporter cette perte. D'après cette opinion, le vendeur garantit que les hypothèques ou le gage ont été constitués; mais si cette constitution n'était pas valable parce que le constituant n'était pas propriétaire, le danger d'éviction serait à la charge de l'acheteur.

De nos jours, M. Labbé, frappé de l'injustice de ce système, croyant que les principes conduisent à un résultat différent, a proposé une autre solution. Il distingue suivant que, dans la vente, les accessoires ont été compris d'une façon tacite ou expresse. Dans le premier cas, le vendeur ne sera tenu que de la garantie ordinaire de l'existence de la créance. Les accessoires, en ce cas, ne sont entrés pour rien dans la vente et dans la quotité du prix; l'acheteur n'a pu compter sur eux. Mais si le vendeur fait connaître les accessoires de la créance, le point de vue change, l'acheteur a pensé qu'ils étaient valablement constitués, a payé peut-être plus cher à cause d'eux; il y compte dès lors, et s'il en est évincé, son vendeur lui devra de ce chef une indemnité. — Cette doctrine est, à coup sûr, beaucoup plus équitable et beaucoup plus conforme aux véritables intentions des parties. Si la loi était à faire, on y devrait insérer une pareille disposition. Mais nous nous heurtons à un texte formel de Paul qui refuse à l'acheteur d'une créance privé de ses accessoires, toute action en garantie, et malgré notre sympathie pour la doctrine de M. Labbé, nous croyons devoir nous ranger à l'opinion soutenue par Cujas et Pothier.

Nous refuserons toute action en garantie à l'acheteur d'une créance, lorsqu'il s'agira d'une vente consentie par le créancier à un débiteur accessoire ou à un tiers détenteur d'un bien engagé pour sûreté de la dette. Le créancier ne peut se refuser à cette cession, puisque, s'il poursuivait celui qui sollicite la vente, il serait repoussé par l'exception *cedendarum actionum*. Cette cession ne lui est pas désavantageuse. Mais au moins devra-t-on mettre le créancier à l'abri de tout recours en garantie, puisqu'il n'est pas libre de refuser de vendre. C'est la solution donnée par le Code Fabre (Liv. 8, tit. 32), et adoptée par M. Labbé. (D., L. 17, 46, 1; et L. 19, 20, 4.)

Vente d'une hérédité. — Le droit romain, différent en cela de nos lois actuelles, ne considérait pas comme contraires à la morale les pactes sur successions futures, du moment où celui de la succession duquel il s'agissait y consentait. Et cependant, à Rome, la vente d'une hérédité non encore ouverte n'était pas permise. En cas de pareille vente, il n'était pas question de garantie; la vente était nulle, radicalement inexistante. C'est ce que Paul nous apprend dans la loi 7, au D., 18, 4, *de Hered. vel act. vend.* « Cum » hereditatem aliquis vendidit, esse debet hereditas, » ut sit emptio : nec cum alea emitur, ut in vena- » tione et similibus sed res, quæ si non est, non con- » trahitur emptio. » Et la cause de cette décision, c'est que vendre une hérédité future, c'est vendre une abstraction, une chose qui n'existe pas.

Mais pour que toute action soit refusée contre le vendeur, il doit être de bonne foi. S'il avait fait croire à l'existence de l'hérédité qui n'est pas encore ouverte, il serait responsable de son dol, et l'action *empti* permettrait à l'acheteur d'obtenir la restitution du prix payé, et suivant les cas une indemnité.

S'il n'y a pas eu dol, la vente est nulle faute d'objet, et c'est par la *condictio indebiti* que l'acheteur obtiendra la restitution de l'argent qu'il a donné.

Examinons les règles de la garantie dans la vente d'une hérédité actuellement ouverte. — Le vendeur est garant d'une seule chose, sa qualité d'héritier. Il ne vend point, en effet, un objet ou des objets déterminés, il ne dit pas que la succession est composée de telle ou telle manière; il vend son titre d'héritier et l'avantage éventuel qui en peut résulter. C'est une sorte de vente aléatoire. Comme dans la vente d'une créance, on ne garantit ici que l'existence de la chose vendue. Aussi un pareil achat peut-il être tout à fait désavantageux pour l'acheteur, et ne lui procurer aucun émolument.

Le vendeur sera responsable si un tiers intente la *petitio hereditatis* et réussit dans ce procès; car, en ce cas, c'est la qualité même d'héritier qui est contestée, et si elle est enlevée au vendeur, il y a éviction de l'acheteur. (Ulpien, L. 2, *pr.*, D., 18, 4.)

Mais la liberté reste entière pour cette vente comme pour toutes les autres, et les parties peuvent étendre la responsabilité du vendeur. Nous le trouvons dit dans un rescrit de Septime Sévère et d'Antonin Caracalla (L. 1, D., *de Evict.*) relatif à la garantie normale dans la vente qui nous occupe. Ce rescrit se termine ainsi : « nisi aliud nominatim inter contrahentes con-» venit. » Le vendeur peut garantir la quotité de la succession, *de substantia affirmare*, suivant l'expression romaine.

En sens contraire, la garantie peut être restreinte; la vente peut avoir lieu de telle manière que le vendeur promette seulement l'espoir d'avoir une hérédité. Il y a vente d'une chance possible, chose essentiellement aléatoire. Et l'acheteur évincé de l'hérédité n'aurait aucune action en garantie. L'espoir de succéder ne s'est pas réalisé pour le vendeur, et l'acheteur ne peut se plaindre : il s'est volontairement exposé à cette éventualité. (L. 10, D., *de hered. vel act. vend.*)

Nous réservons encore l'hypothèse de dol. Si le vendeur, à l'aide de manœuvres frauduleuses, a fait partager à l'acheteur cet espoir de succession et l'a ainsi décidé à contracter avec lui, il sera responsable et tenu par l'action même du contrat. De nombreux textes viennent à l'appui de cette théorie sur la vente de l'espoir d'une hérédité. (L. 11, 12, 13, D., 18, 4.)

Dans les ventes aléatoires, il ne peut être question de garantie. Les lois romaines rangent dans cette catégorie la vente d'un coup de filet ou du produit d'une chasse. C'est la chance elle-même qui fait l'objet du contrat. Aussi, bien que l'avantage retiré par le vendeur soit négatif, l'acheteur devra le prix promis sans réduction. Le vendeur cependant serait encore ici responsable de son dol.

Il est souvent difficile de distinguer une vente aléatoire d'une vente conditionnelle. On considérera, pour le décider, les circonstances spéciales du contrat.

Il est une vente fort intéressante à étudier au point de vue des circonstances qui l'entourent; c'est la vente, en dehors de la nature de l'objet vendu, consentie par un créancier gagiste ou hypothécaire. Nous avons à examiner quelle est dans ce cas l'étendue de la garantie, la possibilité d'être indemnisé pour l'acheteur évincé.

Le droit romain diffère sur ce point du droit français, où le créancier gagiste ne peut jamais vendre la chose affectée à la sûreté de sa créance. Le créancier gagiste ou hypothécaire peut, à Rome, disposer du gage.

La législation romaine a varié sur ce point. Jusqu'à Marc-Aurèle, une convention formelle était nécessaire pour que le créancier pût vendre le gage. (*Gaii comment.*, 2, par. 64.) Plus tard, le droit fut inhérent à la constitution du gage et n'était enlevé que par une clause expresse. (Ulpien, L. 4, D., *de Pignus act.*, 13, 7.) Enfin, sous Justinien, le droit de vendre le *pignus* fut de son essence même, puisque, en présence d'une clause qui interdisait cette vente, le créancier pouvait l'effectuer, pourvu qu'il eût soin d'en informer le débiteur à l'aide de formalités déterminées qui consistaient en plusieurs interpellations successives. (L. 3, C., 8, 34.)

Ainsi la vente faite par le créancier hypothécaire ou gagiste est valable. Supposons que l'acheteur ait été évincé du *pignus*.

Deux cas se présentent. La vente du *pignus* a été faite par le créancier, ou *jure communi*, ou *jure pignoris*.

Il vend *jure communi* lorsqu'il se présente comme

propriétaire de la chose, ou lorsque en faisant connaître sa qualité de créancier, il ajoute qu'il mettra son
acheteur à l'abri de toute éviction, et l'indemnisera si
elle se réalise. Dans le premier cas, en se présentant
comme véritable propriétaire, le créancier gagiste se
soumet aux règles ordinaires de la garantie, et, dans
le second, la liberté des conventions lui permet de
s'engager dans la mesure qui lui convient. (L. 59,
par. 4, D., 17, *Mand. vel contra*. — L. 1, C., 8, 46,
Creditorem evictionem non debere.)

Supposons que la vente ait été faite *jure pignoris*
ou *creditoris*, c'est-à-dire que le créancier se soit présenté comme tel, ait fait connaître cette qualité. En
ce cas, il est tenu de garantir sa qualité de créancier
hypothécaire ou gagiste, il faut que ce droit réside en
sa personne. Mais si le débiteur n'est pas propriétaire
de la chose constituée en gage, si un tiers la revendique et l'obtient, le créancier n'est pas responsable de
cette éviction, car elle n'a pas pour cause un défaut
de droit en sa personne. Nous exceptons comme toujours le cas où il y aurait eu dol de la part du vendeur (L. 11, par. 16, D., L. 19, t. I), ce qui se produirait si le créancier ne révélait pas à l'acheteur que
l'hypothèque ou le gage reposent sur des objets dont
le débiteur n'est pas propriétaire. Il y aurait encore
dol de la part du créancier vendeur s'il présentait son
droit comme primant tous les autres, alors qu'il vient
seulement en ordre inférieur.

Le prix du gage désintéresse le vendeur, qui rentre
dans sa créance. Il doit dès lors, quand son acheteur

est évincé, lui transmettre, puisqu'elles ne lui sont plus nécessaires, les actions à l'aide desquelles le débiteur eût été poursuivi en paiement. Le créancier vendeur cédera à son acheteur l'action *pigneratitia contraria*. Cette cession d'action, l'acheteur l'obtiendra par l'action *ex empto*, et elle ne nuira pas au vendeur, puisqu'il est désintéressé de sa créance. Grâce à cette action *pigneratitia contraria*, l'acheteur obtiendra du débiteur des dommages-intérêts égaux à ceux qui eussent été accordés au créancier évincé directement du gage.

Telle est la garantie normale lorsque la vente est faite *jure pignoris*. Il y a deux exceptions. La première est relative au dol; nous en avons déjà parlé. Le créancier gagiste vendeur peut toujours s'engager à garantir à son acheteur l'existence utile du gage ou de l'hypothèque, et lui promettre, en cas d'éviction, le double du prix. C'est la seconde exception. Nous la trouvons dans le rescrit d'Alexandre Sévère, au Code (L. 1, 8, 46) : « Nisi nominatim hoc repromissum a » privato fuerit creditore. » Mais la situation du créancier vendeur *pignoris jure,* qui s'est engagé au-delà de la garantie normale, se trouve modifiée dans ses rapports avec son débiteur. Faisons une espèce : Primus, créancier gagiste de Secundus, a vendu à Tertius le gage *jure creditoris;* mais il s'est engagé à lui payer le double du prix en cas d'éviction provenant d'une absence de droit chez Secundus. Le gage, en effet, n'appartenait pas à Secundus, et il est revendiqué par Quartus, qui triomphe. Tertius réclame le paiement du double du prix à Primus, qui paie. Pourra-t-il recourir par l'action *pigneratitia contraria* contre Secundus qui, en engageant un objet ne lui appartenant pas, a mis Primus dans cette situation ? Ulpien (L. 22, par. 4, D., 137; *de Pig. act.*) distingue. On doit considérer le prix que Tertius a payé à Primus pour l'achat du gage. Ce prix est-il normal, tel qu'il eût été si Primus ne s'était pas engagé à garantir l'éviction provenant de l'absence de droit chez le débiteur, en un mot, si le prix est proportionné à la valeur même du gage, pourquoi Primus s'est-il engagé au-delà de la garantie normale ? Son débiteur Secundus ne peut en être responsable, et ne sera tenu d'aucune indemnité. Si, au contraire, Primus n'a fourni la *cautio duplæ* que pour obtenir du gage un prix convenable, il a pris la défense des intérêts de Secundus lui-même, que ce prix contribue à libérer. Si le gage n'était pas à Secundus, il doit être responsable de cette éviction, et il remboursera à Primus le montant de l'indemnité payée à Tertius. Primus exercera son recours contre Secundus, soit par l'action *pigneratitia contraria*, car le débiteur avait donné en gage une chose qui ne lui appartenait pas, soit par l'action *creditæ pecuniæ*.

La garantie normale dans la vente du gage *jure pignoris* est donc celle de l'existence du droit d'hypothèque ou de gage, dans la personne du créancier. Examinons dans quels cas ce droit n'existe pas. Ils sont au nombre de deux :

1° Le créancier ne pouvait vendre le gage, soit parce qu'il ne l'avait pas valablement reçu, soit parce que la créance elle-même n'était pas valable;

2° Le créancier était primé par d'autres sur la chose.

C'est dans le rescrit d'Alexandre Sévère, que nous avons déjà cité, que se trouve cette solution. (L. I, C., 8, 46.) En voici l'espèce : une personne achète au fisc une chose hypothéquée à une dette. Plus tard, le fisc se trouve nanti, du chef d'une autre personne, d'un droit d'hypothèque sur le même bien. Le fisc ne pourra évincer son acheteur. En voici le motif : ou bien au moment où il a vendu, le fisc avait le premier rang hypothécaire et l'a transmis à son acheteur ; ou bien la personne dont le fisc a aujourd'hui les droits lui était préférable en rang ; alors la cause de l'éviction serait l'absence de droit chez le fisc lui-même, et comme il est garant de ce chef, il ne peut évincer.

M. Labbé (*de la Garantie,* n° 34) généralise cette théorie du rescrit d'Alexandre : « Quoniam hoc » utique præstare debet qui pignoris jure vendit, po- » tiorem se cæteris esse creditoribus ; » « ce qui ren- » ferme, dit-il, la nécessité de prouver la réalité du » droit de créance, la réalité du droit d'hypothèque, la » supériorité de ce droit par rapport au droit des autres » créanciers. »

Cette doctrine, adoptée par tous les principaux interprètes du droit romain, était restée jusqu'à ces derniers temps sans contradicteurs. Et c'était avec raison, car elle assure à l'acheteur du gage tous les droits qui sont nécessaires pour que la vente lui procure quelque avantage. Mais, de nos jours, M. Vernet, dans ses textes choisis sur la *Théorie des Obliga-*

tions (p. 95), a présenté un autre système. Cet auteur nous dit que, dans le cas d'une vente faite par le créancier gagiste ou hypothécaire, celui-ci n'est même pas garant d'une absence de droit sur sa tête. Il est responsable seulement de son dol. Si l'éviction se réalise, le créancier devra transmettre à l'acheteur son action *pigneratitia contraria*. « Dolum plane venditor » præstabit, » dit la loi XI, par. 16, d'Ulpien (D., 19, I, *de Act. emp. et vend.*). D'où il faudrait conclure, si on adoptait la nouvelle théorie émise par M. Vernet, que dans le cas d'une vente *jure pignoris*, c'est de son dol seulement que répond le créancier vendeur. On raisonnerait *a contrario* sur la loi d'Ulpien, et on dirait que, si le créancier est de bonne foi, on ne peut exercer contre lui de recours en garantie. Ce serait le seul moyen d'entendre ce texte d'une façon raisonnable ; et le vendeur ne serait pas responsable de la réalité du droit en vertu duquel il vend.

Cet argument *a contrario* semble détruit par la dernière phrase du rescrit d'Alexandre Sévère, déjà cité, et qui est la base de la doctrine que nous avons adoptée. Nous y trouvons ces mots : « Hoc utique præstare » debet qui pignoris jure vendit, potiorem se cæteris » esse creditoribus, » d'où l'on peut conclure que le vendeur est garant, puisqu'il ne peut évincer l'acheteur en vertu d'un droit nouveau réalisé en sa personne. C'est une application de la maxime : « quem de » evictione tenet actio eumdem agentem repellit ex- » ceptio. » Le système de M. Vernet répondrait que ce n'est pas là une preuve que le créancier vendeur soit garant, car Paul (L. 10, D., 20, 5) décide que le vendeur, même non garant, ne peut évincer son acheteur.

Ce système ne saurait être admis, car il n'explique pas les derniers mots du rescrit d'Alexandre Sévère, et l'argument *a contrario* d'Ulpien ne peut triompher de ce texte formel; c'est parce que le vendeur est garant, que l'Empereur décide qu'il ne peut évincer.

Quelle part de responsabilité revient au débiteur constituant, à l'égard de l'acheteur évincé? Il ne peut être tenu d'une obligation directe, puisque aucun contrat n'est intervenu entre eux, et cependant il est obligé, s'il a constitué un gage sur une chose qu'il ne pouvait engager.

L'acheteur évincé peut recourir contre le débiteur constituant par l'action *pigneratitia contraria* que le créancier lui cédera; mais il peut aussi recourir par l'action *ex empto* utile. Cette action lui sera donnée *utilitatis causa*. Nous trouvons cette décision au Digeste, dans une loi d'Hermogénien. (L. 74, par. 1, 21, 2, *de Evict*.) C'est là un principe de justice. En dernière analyse, en effet, c'est au débiteur constituant du gage ou de l'hypothèque que profite la vente, puisque le créancier vendeur désintéressé n'aura plus à recourir contre lui. C'est le débiteur d'une créance qui doit la payer. Ce résultat ne serait pas atteint si l'éviction retombait sur l'acheteur, car le débiteur serait libéré sans qu'il lui en coûte rien. Quoi de plus juste, dès lors, que cette action utile de vente? Cujas dit que le débiteur constituant d'un gage a, en quelque

sorte, donné mandat à son créancier de le vendre pour
le libérer de sa dette. C'est là, d'ailleurs, une chose
on ne peut plus conforme à ses intérêts, car nul plus
que le créancier ne sera porté à vendre le gage à un
prix élevé. M. Labbé (n° 38) pense que cette action
utile accordée par la loi d'Hermogénien a dû, dans
l'origine, être donnée seulement pour le *pignus conven-*
tionale, et s'est étendue plus tard au *pignus judiciale*.
Et il faut remarquer, en effet, qu'Hermogénien, qui
nous parle de l'action utile dans le cas de *pignus judi-*
ciale, vivait à une époque déjà avancée des temps de
Rome, sous Constantin ou sous ses fils.

L'acheteur évincé pourra donc recourir contre le
débiteur primordial; mais dans quelle mesure? C'est
une autre question. Hermogénien nous répond que la
condamnation prononcée en faveur de l'acheteur sera
égale à l'avantage que la vente aura procuré au débiteur, à l'enrichissement qui en sera résulté pour lui :
« De pretio duntaxat ejusque usuris, habita ratione
» fructuum dabitur : scilicet si hos ei cui evicit resti-
» tuere non habebat necesse. » C'est là, nous le savons, une décision relative au *pignus judiciale;* mais
devons-nous dire la même chose dans le cas d'un
pignus conventionale volontairement consenti par le
débiteur? Il a donné mandat à son créancier de vendre
le gage, n'est-il donc pas responsable envers l'acheteur de tout l'intérêt que celui-ci avait à conserver la
chose? Nous devons le décider ainsi. La loi 24, *pr.*,
(D., 13, 7) *de Pign. act.*, vient à l'appui de cette opinion. En voici l'hypothèse : Primus, créancier gagiste

de Secundus, ne trouve pas à vendre le gage, et obtient
de l'Empereur l'autorisation d'en devenir propriétaire.
Jusqu'à concurrence de la valeur du gage, la créance
demeurera éteinte. Si Primus est plus tard évincé,
pourra-t-il recourir contre Secundus par l'action *pigneratitia contraria?* Non, car cette concession de propriété a fait cesser le contrat de gage. Mais alors
Ulpien donne à Primus l'action utile *ex empto,* comme
si la chose lui eût été donnée en paiement par Secundus. Et cette action sera donnée dans la mesure sui-
» vante : « Ut in quantitatem debiti ei satisfiat vel in
» quantum ejus intersit. » Cette décision donnée par
Ulpien en faveur du créancier doit être donnée aussi
pour le tiers acheteur du *pignus conventionale.* Cet
acheteur est dans une situation tout aussi intéressante,
et comme il y a les mêmes raisons de décider, nous
devons étendre la loi d'Ulpien au cas qui nous occupe.
Si la décision est contraire quand il s'agit d'un *pignus
judiciale* (L. 74, *loc. cit.*), c'est que la situation est
tout à fait différente; le débiteur, en ce cas, n'a donné
aucun mandat de vendre le gage, et ne peut dès lors
être tenu au-delà du prix payé par le tiers acheteur
et des intérêts de ce prix.

Nous trouvons une conséquence de ce principe que
le débiteur est garant jusqu'à un certain point de
l'éviction subie par l'acheteur du gage, dans un rescrit
de Gordien, au Code. (L. 13, 8, 45, *de Evict.*) Ce rescrit suppose que les biens possédés par un débiteur
condamné ont été saisis et vendus par ordre du magistrat. Ces biens n'appartenaient pas au débiteur, qui en

4

est devenu plus tard propriétaire; il menace d'évincer l'acheteur qui tient les biens d'une vente faite en quelque sorte par autorité de justice. Le débiteur ou ses héritiers seront repoussés par une exception de dol. Ils seraient garants d'une revendication faite par tout autre que par eux; ils ne peuvent donc évincer.

Nous venons d'étudier, depuis le commencement de ce chapitre, l'obligation de garantie suivant la nature même de l'objet vendu ou la qualité du vendeur. C'est la garantie normale. Mais étant donné un contrat déterminé, cette garantie peut être augmentée ou restreinte. Nous allons examiner ces différentes modifications.

SECTION Iʳᵉ.

CLAUSES QUI PEUVENT ÉTENDRE L'OBLIGATION DE GARANTIE.

Le principe de la liberté des conventions veut que les parties puissent étendre l'obligation de garantie que la loi a cru devoir restreindre dans certaines limites.

Le vendeur romain n'a pas, nous l'avons dit en commençant, à transférer la propriété à l'acheteur; mais il peut, si bon lui semble, s'y engager. En ce cas, il sera poursuivi avant l'éviction, si l'acheteur découvre que l'objet appartenait à autrui. Dans la garantie normale, le vendeur n'eût été tenu que si l'éviction se fût réalisée. C'est par la *stipulatio dandi* que le vendeur s'obligeait à transférer la propriété.

La garantie ordinaire ne s'étend pas aux servitudes ; le vendeur peut cependant s'y obliger.

Nous trouvons encore une extension de la garantie dans la loi 22, au Code (8, 45), *de Evict.;* il s'agit de la *stipulatio de indemnitate.* En voici l'espèce : l'acheteur stipule que le vendeur l'indemnisera de ce qu'il pourrait perdre si, du chef de ce dernier, une action hypothécaire était intentée contre lui. Cette action est intentée, en effet, et pour éviter d'être dépouillé, l'acheteur désintéresse les créanciers de son vendeur. Il pourra lui réclamer, grâce à la *stipulatio de indemnitate,* la somme qu'il a payée à sa décharge. En l'absence de cette stipulation, cette réclamation serait impossible, car l'acheteur ayant payé avant jugement, l'éviction, comme nous l'avons vu au précédent chapitre, ne se serait pas produite, et tout recours serait refusé à l'acheteur. C'est donc une clause extensive de l'obligation de garantie.

Dans la vente d'une hérédité, nous savons que la garantie peut s'étendre jusqu'à la promesse que tels objets déterminés sont individuellement dans la succession. Cette extension de garantie devrait même résulter d'une simple déclaration du vendeur que telles choses se trouvent dans la succession vendue.

Enfin la clause de garantie la plus fréquente est celle qui fait l'objet même de cette thèse, la *stipulatio duplæ.* Le vendeur doit alors, en général, plus que l'éviction ne fait perdre. Cette clause, exceptionnelle d'abord, était devenue de règle et sous-entendue.

SECTION II.

Le vendeur peut, par une clause formelle, se soustraire complétement à l'obligation de garantie. Quel
est l'effet de cette convention ? Le vendeur est dispensé sûrement de payer des dommages-intérêts ; mais
d'après Pothier (*Vente*, n° 186), il serait tenu de restituer le prix de vente, et l'acheteur arriverait à ce résultat par la *condictio sine causa*. Le prix, d'après
Pothier, n'a été payé que pour obtenir un avantage et
doit être rendu quand cet avantage cesse d'exister.
Cette opinion nous paraît devoir être suivie. « Verum-
» tamen, ut pretium reddat teneri, » dit Ulpien (L. 11,
par. 18, D., 19, 1, *de Act. empto et vend.*). La doctrine contraire, qui a cependant été soutenue, permettrait au vendeur de s'enrichir aux dépens de son
acheteur évincé. Nous trouvons un appui à l'opinion
de Pothier dans la suite de la loi d'Ulpien, car le jurisconsulte nous dit que les parties peuvent, par une
clause formelle, dispenser l'acheteur de rendre le
prix en cas d'éviction, « quemadmodum recipitur ut
» venditor nummos accipiat, quamvis merx ad emp-
» torem non pertineat. » Il faut seulement que leur
intention soit évidente.

Ce sont là des clauses générales de non-garantie. Il
en est aussi de spéciales, par lesquelles le vendeur est
dispensé de la responsabilité de certaines évictions, et

reste tenu de toutes les autres. Dans la vente d'un fonds, par exemple, il peut être convenu que le vendeur répondra d'une revendication du fonds tout entier, mais ne garantira pas l'acheteur de la réclamation faite par un tiers d'un usufruit. Si l'éviction prévue arrive, l'acheteur pourra toujours réclamer son prix, conformément à l'opinion que nous avons admise plus haut.

Les parties peuvent aussi convenir que la garantie n'existera que pendant un certain temps, au-delà duquel l'éviction sera à la charge de l'acheteur.

Il est des cas où le vendeur, tout en ne s'affranchissant pas par une clause formelle de l'obligation de garantie soit totale, soit partielle, fait certaines déclarations qui en modifient l'étendue. Nous en trouvons quelques exemples dans les lois romaines. L'un d'eux est relatif à la vente d'un esclave. (L. 69, *pr.*, D., 21, 2.) Une personne vend un esclave en déclarant qu'il est *statu liber,* qu'il peut arriver à la liberté parce qu'il est affranchi sous condition. Si l'esclave devient libre par l'accomplissement de cette condition, toute garantie disparaît ; mais s'il était affranchi purement et simplement, la garantie existerait tout entière. La clause qui accompagnait la vente n'était donc restrictive qu'à un point de vue particulier.

La déclaration du vendeur peut être autre. Il a spécifié, par exemple, l'événement par lequel l'esclave deviendrait libre. Si la liberté lui est rendue d'une autre façon, le recours en garantie sera ouvert à l'acheteur. (Même loi, par. 2, 3 et 5.)

Il est encore une déclaration qui peut aussi modifier l'étendue du recours contre le vendeur, et qui est en quelque sorte une clause de non-garantie spéciale. Nous la voyons au Digeste (L. 39, par. 5, 21, 2). — Primus vend un esclave à Secundus et lui déclare qu'il est grevé d'un usufruit au profit de Tertius. Pas de garantie si celui-ci réclame l'usufruit. Mais plus tard, c'est Quartus qui réclame l'usufruit sur l'esclave, car c'est lui qui en était le titulaire. Garantie alors de Primus au profit de Secundus, car la déclaration faite au moment de la vente ne s'appliquait qu'à un usufruit constitué au profit de Tertius. L'usufruit de Quartus peut être beaucoup plus onéreux.

Si le vendeur d'un fonds grevé d'un usufruit au profit d'une autre personne *quoad vivet* ne déclare pas que cet usufruit s'étend au-delà des limites ordinaires, il sera tenu de garantir l'acheteur dans le cas où le titulaire *capite deminutus* continuerait cependant à jouir de l'usufruit.

SECTION III.

L'ACHETEUR CONNAIT EN DEHORS DE TOUTE DÉCLARATION DU VENDEUR LE DANGER D'ÉVICTION QUI LE MENACE.

On comprend qu'une personne qui, de propos délibéré, achète une chose qu'elle sait ne pas appartenir au vendeur, soit traitée moins favorablement que l'acheteur qui ignore cette circonstance. Elle a dû s'attendre à l'éviction, ce qui doit modifier l'étendue de la responsabilité du vendeur ; c'est agir de mauvaise foi que de placer le vendeur dans une situation qui peut avoir d'aussi graves conséquences. L'acheteur pourrait même commettre un dol, par exemple en achetant sciemment une chose volée ; il deviendrait alors un véritable recéleur, et non-seulement toute action en garantie lui serait refusée, mais il lui serait même impossible de réclamer le prix qu'il aurait payé. Un contrat criminel ne peut donner une action : « Nemo » ex proprio dolo, ex proprio delicto consequitur ac-» tione. » (Pothier, *Vente*, n° 190.) C'est aussi l'opi-nion de Cujas. (*Com. ad legem si fundum, in fine.*)

Mais laissons de côté le dol, et examinons l'hypo-thèse où l'acheteur est seulement de mauvaise foi. Le texte sur cette question est un rescrit de Dioclétien et Maximien. (L. 27, au Code ; L. 8, tit. 45). « Si fun-» dum sciens alienum vel obligatum comparavit Athe-» nocles, neque quicquam de evictione convenit ; quod » ex nomine dedit contrà juris poscit rationem. Nam » si ignorans, desiderio tuo juris forma negantis hoc » reddi refragatur. » De ce texte, il ressort d'abord que si la garantie a été promise à l'acheteur de mau-vaise foi, le recours lui est ouvert. Mais si rien n'a été stipulé, l'acheteur de mauvaise foi peut-il répéter le prix qu'il a payé ? Logique avec nous-même, car nous avons toujours accordé à l'acheteur le droit de répéter son prix, même dans le cas d'une clause générale de non-garantie, nous déciderons ici que, malgré la mau-vaise foi, il pourra encore faire cette répétition. Une réclamation lui est interdite, c'est celle de dommages-intérêts. Et c'est là ce qui ressort de la loi *si fundum*, objet de la controverse. En effet, dit la loi, si aucune stipulation n'est faite relativement à l'éviction, l'acheteur ne peut répéter ce qu'il a payé *eo nomine*. Ces mots se trouvent à la suite de la phrase qui prévoit l'hypothèse d'une éviction, et s'appliquent aux paiements faits par l'acheteur à l'occasion de l'éviction *eo nomine*. Or, le prix est payé en vertu de la vente. Ce qui est payé à titre d'éviction, ce sont les frais du procès qui a eu pour résultat de dépouiller l'acheteur, les diverses dépenses qu'entraîne ce dépouillement, tout ce que l'acheteur, en un mot, a été obligé de payer pour tâcher de conserver la possession de l'objet vendu. Si l'acheteur était informé du danger de l'éviction, et s'il n'a rien stipulé, il ne pourra réclamer ces dépenses. Mais le prix qui n'a plus de cause entre les mains du vendeur, il sera toujours permis à l'acheteur de le réclamer. La fin de la loi *si fundum* nous fournit un argument, car elle serait inutile si les mots *eo nomine* comprenaient le prix. Elle signifierait, en effet, que l'acheteur de bonne foi peut se faire restituer le prix qu'il a payé lorsqu'il est évincé. Or, c'est là un point en dehors de toute controverse. Dans notre opinion, au contraire, ce paragraphe de la loi *si fundum* est utile. Il sert de contre-partie à la proposition précédente : l'acheteur de bonne foi pourra répéter tout ce que lui coûte l'éviction. Il est plus juridique d'interpréter une loi dans le sens où elle a quelque utilité. (*Sic*, Pothier, *de la Vente*, 188 et 189.)

L'opinion que nous venons d'exposer est cependant très-controversée, et bon nombre d'auteurs pensent que l'acheteur de mauvaise foi ne peut répéter le prix (Accurse et Barthole). On oppose à notre système la loi 4, par. 5, D., 44, 4. Mais l'objection n'a pas de portée, car la loi 4 prévoit l'hypothèse d'un vice rédhibitoire de la chose vendue. Cette décision spéciale aux vices rédhibitoires ne saurait être étendue à la garantie pour cause d'éviction.

Nous ferons remarquer, en terminant sur ce point, que l'opinion adoptée par nous est beaucoup plus équitable que l'autre. La personne qui évince est indemnisée de sa dépossession par le prix de la *litis æstimatio;* le vendeur qui a touché le prix d'une chose qu'il ne pouvait vendre, le restitue, mais ne perd rien, puisqu'il n'avait aucun droit. L'acheteur enfin rentre, par la restitution qui lui est faite du prix, dans ce qu'il a payé au propriétaire pour rester en possession de l'objet; les dommages-intérêts sont à sa charge, c'est la conséquence de sa mauvaise foi.

CHAPITRE III.

A QUI APPARTIENT L'ACTION EN GARANTIE.
CONTRE QUI EST-ELLE DONNÉE ?
EFFETS DE CETTE ACTION.

L'action en garantie appartient en principe à l'acheteur, car c'est lui seul qui a intérêt à l'exercer. Et avec la loi 8 au Cod. (4, 50, *Si quis alteri vel sibi*), nous dirons que l'acheteur est celui qui conclut la vente. Le payeur de l'argent n'est rien ; il ne joue qu'un rôle passif, et ce n'est pas sur sa tête que s'ouvre le bénéfice de l'action en garantie.

L'acheteur peut exercer cette action, même lorsqu'il n'est pas personnellement évincé, si l'éviction se réalise d'ailleurs dans la personne d'un de ses ayants cause, ou de tout autre individu qu'il a intérêt à ne pas voir dépouillé. Nous trouvons un exemple de cette proposition dans la loi 22, par. 1 ; D., 21, 2. Une femme achète un immeuble et se le constitue en dot. Le mari est évincé. La femme, bien que n'étant pas personnellement évincée, pourra recourir en garantie contre son vendeur. Elle a, en effet, un puissant intérêt à ne pas voir sa dot diminuée, bien qu'elle ne soit pas tenue de la garantie vis-à-vis de son mari. Il y va de son bien-être. Les héritiers de la femme seraient tenus de garantir le mari en cas d'éviction de la dot à cause de la promesse de leur auteur ; aussi pourront-il recourir contre le vendeur. La femme pourrait même être indemnisée, mais alors par l'action *ex empto*, si le mari se trouvait propriétaire de la chose qu'elle s'est constituée en dot. L'éviction ne résultant pas d'un jugement, l'action *ex stipulatu* ne peut être donnée. (L. 24 ; D., *de Evict.*)

Un simple intérêt éventuel donne ouverture à l'action en garantie au profit de l'acheteur. Il en est de même d'un intérêt d'affection. (L. 71 ; D., 21, 2.) Un père constitue en dot à sa fille un fonds qu'il a acheté. Si le mari en est évincé, le père peut recourir en garantie contre son vendeur. L'intérêt éventuel, le voici : si la fille est émancipée et qu'elle meure pendant le mariage, le père recouvre la dot; et si sa fille n'est pas émancipée, il peut toujours reprendre la dot quel que soit l'événement qui dissout le mariage. L'intérêt d'affection, nous le trouvons dans le désir naturel au père de voir le bien-être de sa fille augmenté par la jouissance de la dot.

Le donataire ou le légataire de l'acheteur n'ont aucun recours contre leur auteur ou ses héritiers lorsqu'ils sont évincés. On s'est demandé alors si l'acheteur ou ses héritiers pourraient recourir contre le vendeur dans le cas où cette éviction se réaliserait. Ils n'ont, à coup sûr, aucun intérêt pécuniaire à ce que l'éviction n'ait pas lieu. Mais l'intérêt d'affection dont nous parlions plus haut, et qui suffisait à donner naissance à l'action en garantie, se retrouve ici tout entier pour le donateur, et nous déciderons, malgré l'opinion contraire de Pothier (*Vente,* nos 98 et 99), que le donateur pourra recourir contre son vendeur. Nous dirons avec Molitor (nos 476 et 477) que l'opinion de Pothier conduirait à un résultat impossible à admettre, car c'est le vendeur qui profiterait de l'éviction subie par le donataire de l'acheteur. Nous donnerons la même décision pour le légataire évincé de l'acheteur, et l'héritier de celui-ci pourra agir en garantie contre le vendeur. Cet héritier, exécuteur des volontés dernières du défunt, a un intérêt moral très-sérieux à ce qu'elles soient accomplies.

Comment les successeurs de l'acheteur peuvent-ils exercer l'action en garantie? Chaque héritier à titre universel peut l'exercer dans la limite de son intérêt, ce qui équivaut à l'intérêt de sa part héréditaire. Nous trouvons cette décision au Digeste (L. 4, par. 2, *de Verb. oblig.*). — Les successeurs à titre particulier ne peuvent agir contre le vendeur de leur auteur que dans le cas où celui-ci leur a fait cession de son action. C'est la décision que Pomponius donne pour un légataire évincé dans la loi 59, *de Evict.* (D., 21, 2.) On doit l'étendre à l'éviction du donataire. C'est en vertu de la nécessité de cette cession d'actions pour les successeurs à titre particulier, que, dans le cas de plusieurs ventes successives, on ne peut, en principe, agir en garantie que contre son vendeur immédiat. La cession d'actions successive et expresse pourrait seule permettre au dernier acheteur de recourir en garantie contre le premier vendeur. Ce dernier acheteur, en effet, n'a contracté qu'avec son auteur.

C'est contre le vendeur lui-même que s'exerce l'action en garantie. Dans le cas de mandat et dans le dernier état de la jurisprudence, l'action utile de vente serait donnée contre le vendeur. Primitivement, comme les effets de la vente se réalisaient sur la tête du mandataire, c'était contre lui qu'on devait exercer l'action en garantie.

S'il y a plusieurs vendeurs, l'acheteur ne peut recourir contre chacun d'eux que jusqu'à concurrence de sa part, à moins qu'ils ne soient tous personnellement et isolément engagés à garantir l'acheteur de toutes les conséquences de l'éviction. (L. 39, par. 2; L. 51, par. 4; D., *de Evict.*)

Le vendeur peut avoir laissé plusieurs héritiers. La loi 85, par. 5 (D., *de Verb. oblig.*), nous apprend qu'en ce qui concerne le recours à exercer contre eux, il faut distinguer suivant que l'éviction n'a pas encore eu lieu ou s'est réalisée. S'il s'agit de défendre l'acheteur, tous les héritiers du vendeur devront être mis en cause, et chacun le défendra pour le tout. Si l'acheteur a été évincé, l'obligation pécuniaire d'indemnité se divisera, comme toute dette d'argent, et chaque héritier en sera tenu proportionnellement à sa part héréditaire.

L'obligation des vendeurs ou des héritiers du vendeur est plus stricte quand l'éviction a eu lieu sur la poursuite d'un créancier hypothécaire de leur chef ou du chef de leur auteur. L'acheteur, en ce cas, peut recourir même contre celui des garants qui a payé sa

part de la dette et qui a mis ainsi l'acheteur, jusqu'à
concurrence de cette part, à l'abri de l'éviction prononcée en faveur du créancier hypothécaire. (L. 65,
D., *de Evict*.) L'hypothèque étant indivisible, le bien
vendu se trouve engagé pour le tout, malgré le paiement partiel de la dette. L'action *familiæ erciscundæ*
permettra à celui qui a payé de recourir contre ses
covendeurs ou ses cohéritiers.

Qu'arrivera-t-il dans le cas spécial où l'acheteur
serait attaqué par une personne même chargée de le
garantir ? L'acheteur peut se laisser évincer et recourir ensuite par l'action en garantie. Mais s'il préfère
rester en possession de la chose achetée, ce qui est
toujours plus avantageux, l'acheteur pourra opposer
une exception dont nous avons déjà parlé : « Quem de
» evictione tenet actio, eumdem agentem repellit ex-
» ceptio. » C'est une exception appuyée sur le bon sens
même, et qui a pour but d'éviter un circuit d'actions
toujours préjudiciable. Cette exception, l'acheteur peut
l'opposer à toute personne chargée de le garantir, ce
qui comprend :

1° Le vendeur. Il peut être devenu propriétaire de
la chose qui ne lui appartenait pas lorsqu'il l'a vendue ;

2° L'héritier du vendeur. Il est tenu des obligations
de son auteur, fût-il même propriétaire de la chose au
moment de la vente ;

3° Les successeurs même à titre particulier du vendeur. (L. 3, p. 1, *de Excep. rei vendit*.) Primus vend
à Secundus un fonds dont Tertius est propriétaire.

Primus devenant héritier de Tertius vend le même fonds à Quartus. Si celui-ci revendique le fonds à Secundus, il sera toujours repoussé par l'exception de garantie. En effet, Quartus ne peut avoir contre Secundus plus de droits que n'en aurait Primus, le vendeur, s'il revendiquait. Or, Primus serait repoussé par l'exception *rei venditæ et traditæ*. Que si Primus, rentré en possession du fonds, opposait l'exception *justi dominii* à la revendication de Secundus, celui-ci triompherait par la réplique *rei venditæ et traditæ*. La situation de Quartus sera semblable, et Secundus triomphera toujours ;

4° Les fidéjusseurs du vendeur. S'ils agissaient en revendication contre l'acheteur, ils seraient repoussés par l'exception de dol ; ils sont, en effet, obligés de maintenir l'acheteur en possession. L'héritier d'une caution serait aussi efficacement repoussé par cette exception. Certains auteurs, au nombre desquels nous trouvons Accurse, avaient douté de cette dernière décision, et s'appuyaient sur la loi 31 au C., *de Evict.* Nous adoptons, avec Cujas et Pothier, l'opinion contraire. La loi 31 s'exprime en ces termes : « Heredem » fidejussoris rerum, pro quibus defunctus apud emp- » torem intercesserat pro venditore, factum ejus cui » successit, ex sua persona dominium vindicare non » impedit. » On a prétendu que cette loi permettait à l'héritier d'une caution, de revendiquer une chose lui appartenant et qui a été engagée par son auteur, sans qu'on pût lui opposer l'exception de garantie. C'est là une fausse interprétation de la loi ; elle ne dit pas que l'acheteur ne peut opposer l'exception de garantie à l'héritier de la caution ; elle suppose qu'en fait cette exception n'a pas été opposée, et décide que l'acheteur conserve cependant le droit d'exercer son recours en garantie.

Nous venons de voir, par les développements qui précèdent, que l'exception de garantie affecte deux formes différentes ; c'est tantôt l'exception *rei venditæ et traditæ*, et tantôt l'exception de dol.

Nous avons à examiner les effets de l'action en garantie au point de vue de la condamnation obtenue par l'acheteur. Ils varient suivant que le recours s'exerce par l'action *ex empto* ou par l'action *ex stipulatu*.

L'action *ex empto* est la conséquence même de la vente et garantit l'exécution du contrat. Si l'éviction se réalise, les avantages que l'acheteur s'était proposés n'existent plus, et il naît en sa faveur une obligation de dommages-intérêts de la part de ceux qui sont garants. Il faut dès lors considérer la chose au moment de l'éviction. On ne tient pas compte de la valeur antérieure ; aussi les dommages-intérêts qu'obtiendra l'acheteur seront-ils tantôt supérieurs, tantôt inférieurs au prix d'achat.

Cette opinion avait été admise sans controverse jusqu'à l'époque où Dumoulin (*Traité de eo quod interest*, nos 68 et 69) a présenté une doctrine nouvelle qui a été adoptée par Pothier. (*Vente*, no 69). D'après ces auteurs, l'action *ex empto* aurait un double objet : le premier invariable, le second sujet à des variations. Le point invariable c'est la restitution du prix que le vendeur poursuivi par l'action *ex empto* devrait toujours à l'acheteur. Le second chef, variable, ce sont les dommages-intérêts qui seraient plus ou moins forts suivant la valeur de la chose au moment de l'éviction. Le prix serait donc toujours restitué, et les deux jurisconsultes donnent pour raison que le vendeur n'y a aucun droit. Il y aurait donc résolution du contrat, et *condictio sine causa* au profit de l'acheteur. Or cette résolution tacite, admissible dans notre droit français, ne pourrait être soutenue en droit romain qu'à l'aide de textes formels. Et ceux que Dumoulin et Pothier présentent à l'appui de leur opinion ne peuvent suffire pour nous la faire adopter. Le principal texte invoqué par eux est la loi 43, *in fine, de Act. emp.* (D., 19, 1.) Nous y trouvons ces mots à propos de l'action *ex empto* : « Non enim pretium continet tantum, sed » omne quod interest emptori. » Il s'agit d'un esclave pour l'instruction duquel le maître aurait dépensé, et dont il serait ensuite évincé. D'après Dumoulin, la loi 43 établirait une distinction entre le prix et l'intérêt que l'acheteur avait à ne pas être évincé. Mais cette loi est parfaitement explicable dans le système que nous adoptons. Elle prévoit, en effet, une amélioration de la chose vendue. Il est certain alors que l'acheteur sera évincé au-delà du prix; mais ce n'est pas comme prix que l'argent lui sera compté, c'est comme indemnité de la privation de la chose achetée. L'opinion de Dumoulin ne pourrait donc s'appuyer que sur un texte qui déciderait que, dans le cas où la chose a diminué de valeur depuis la vente, l'acheteur

5

pourra cependant en réclamer le prix; or, ce texte manque, et nous en trouvons, au contraire, plusieurs qui viennent corroborer l'opinion que nous avons adoptée. La loi 45, *pr.*, *de Act. emp.*, parlant toujours de l'esclave, nous dit : « Minuitur prostatio si servus » apud emptorem deterior effectus sit. » Dans la loi 70, au Digeste, *de Evictionibus,* Paul nous dit en termes plus formels encore : « Evicta re ex empto actio non » ad pretium duntaxat recipiendum, sed ad id quod » interest competit. Ergo et si minor esse cœpit, dam- » num emptoris est. » Est-il besoin d'autre démonstration, de textes plus formels? Le prix n'entre donc pas en considération dans l'indemnité que l'acheteur peut obtenir par l'action *ex empto.* Les arguments de Dumoulin et de Pothier tombent devant l'énergie et l'évidence de ces textes, et l'opinion de Domat demeure seule vraie. (Domat, liv. I, t. II; *du Contrat de vente,* section 10, nº 15.)

La doctrine contraire est opposée aux principes de la matière. Si elle était admise, elle conduirait à ce résultat, de mettre, à partir de la vente, les risques de la chose à la charge du vendeur. Quoi de plus équitable, que de faire supporter les diminutions à celui qui aurait profité des augmentations éventuelles?

Il demeure donc entendu que le prix n'entre pour rien dans le *quantum* de la condamnation à appliquer au vendeur garant. Il devra payer à l'acheteur *quod interest.* Ces mots comprennent le dommage éprouvé et le gain que l'acheteur aurait pu faire. (L. 1, C., 7, 47.) L'intérêt d'affection entrerait même en balance pour la fixation de l'indemnité. (L. 54, *pr.*, D., *Mandati.*)

L'acheteur doit être replacé dans la situation où il était avant l'éviction. Il doit donc lui être tenu compte des accroissements naturels de la chose, tels que les alluvions, le part de l'esclave, l'usufruit qui se serait réuni à la propriété, ou l'hérédité qui reposait sur la tête de l'esclave vendu. (Lois 8, 16 *pr.*, 51, par. 3, D., *de Evict.*)

Le vendeur doit encore tenir compte à l'acheteur des fruits que celui-ci a perçus à partir du moment où il a cessé d'être de bonne foi et qu'il a dû restituer à celui qui l'évinçait. (L. 22, C., 3, 32. — L. 62, par. 1, D., *de Rei vindic.*)

En ce qui concerne les dépenses d'amélioration, le vendeur doit indemnité pour l'augmentation de valeur qu'elles ont produite. C'est là une prestation qui sera tantôt supérieure, tantôt inférieure à la somme dépensée par l'acheteur. Mais il faut supposer que l'acheteur n'en a pas été indemnisé par le revendiquant en lui opposant l'exception de dol. (L. 27, par. 5, D., *de Rei vindic.*) Pour que l'acheteur puisse réclamer le paiement de la plus-value au revendiquant, il faut que les dépenses aient été faites de bonne foi. Si l'acheteur, lorsqu'il les a faites, connaissait le danger d'éviction, on lui refuse l'exception de dol. Il a seulement droit à enlever tout ce qui peut l'être, sans que le fonds en souffre. (L. 37, D., *de Rei vindic.* — L. 5, C., 3, 32.)

Quant au vendeur, s'il était de bonne foi, il ne serait pas tenu des dépenses d'amélioration telles qu'il n'a pu les prévoir au moment de la vente.

Comme les fruits que l'acheteur a perçus jusqu'à la *litis contestatio* l'ont enrichi, leur valeur se compensera avec celle des dépenses d'amélioration, et c'est au-delà de la valeur de ces fruits que le revendiquant devra tenir compte à l'acheteur des dépenses d'amélioration. (L. 48, D., 6, 1.)

Il peut arriver que l'acheteur, ayant perdu la possession de la chose achetée, la revendique contre le vrai propriétaire devenu possesseur. L'acheteur ne peut en ce cas opposer l'exception de dol pour obtenir le remboursement des dépenses d'amélioration; c'est le vendeur qui devra l'indemniser. (L. 45., par. 1, D., 19, 1.)

Les parties peuvent toujours régler à forfait et au moment du contrat l'indemnité que le vendeur devra à l'acheteur.

Lorsqu'il y a éviction partielle, on suit les mêmes principes et on estime la valeur de la partie dont l'acheteur a été privé.

L'acheteur se fera rembourser les frais qu'il a faits pour soutenir le procès en éviction. (L. 18, C., 8, 45.) S'il triomphe, mais qu'il soit condamné aux frais ou que le revendiquant soit insolvable, ces circonstances sont des cas fortuits dont le vendeur ne peut être responsable. La loi 8 au Code, *de Evict.*, refuse alors tout recours à l'acheteur. Cette décision ne peut s'appliquer qu'aux frais, puisqu'il n'y a pas eu d'éviction, et, dès lors, pas de dommage causé à l'acheteur par elle.

Le vendeur peut toujours éviter le recours de l'acheteur en lui remettant la chose dont il a été évincé, et

en lui payant le dommage dont l'éviction a été la cause.
Si l'acheteur, ainsi désintéressé, exerçait l'action *judicati*, il serait efficacement repoussé par l'exception de
dol. (L. 67, D., *de Evict.*)

Les effets de l'action *ex stipulatu duplæ* diffèrent
sur plusieurs points de ceux de l'action *ex empto*. Il
n'y a pas ici d'appréciation à faire, tout est réglé
d'avance, et c'est le principal avantage de cette stipulation de mettre l'acheteur à l'abri des chances de
l'examen du juge. La somme ordinairement promise
était le double du prix, mais elle pouvait s'élever
jusqu'au triple ou au quadruple.

C'est à l'aide de la *condictio certi* que l'acheteur
obtient le montant de la stipulation. Il s'agit d'une
obligation dont l'exécution est subordonnée à la condition suspensive de l'éviction ; quand elle se réalise,
l'acheteur peut réclamer ce qui lui est dû. Peu importe
la valeur de la chose au moment de l'éviction ; aussi,
en supposant une augmentation considérable de cette
valeur, pouvait-il arriver que l'acheteur, malgré la
stipulation du double, se trouvât encore en présence
d'une perte. Jamais, cependant, il ne pouvait rien
obtenir au-delà de la somme promise. Si, pour une
éviction partielle, le vendeur a payé une partie de la
cautio duplæ, l'acheteur ne pourra que réclamer la
différence quand il sera évincé du reste.

Quant à l'éviction partielle, elle peut porter soit sur
une part divise, soit sur une part indivise. S'il s'agit
d'une part indivise, comme un tiers ou un quart, on
prend une partie du prix proportionnelle à la partie

évincée, et en la doublant ou en la triplant, etc., suivant les cas, on détermine le montant de l'indemnité due à l'acheteur. (Cujas, *L. 7, Resp. Pap. ad legem, ex mille.*)

S'il s'agit de l'éviction d'une part divise, il faut distinguer suivant qu'un prix spécial avait ou n'avait pas été fixé pour cette part. Le prix de chaque part est déterminé si la vente a été faite, par exemple, à tant par arpent; en doublant le prix d'un arpent et en multipliant par la partie enlevée, on a la condamnation qu'entraîne la *condictio certi*. Dans le cas contraire, s'il n'y a pas de prix déterminé pour chaque part divise, si tout le fonds a été vendu pour un prix total, on cherche pour combien la partie évincée est entrée dans le prix, et pour opérer ce calcul on se place au moment de la vente. Cette manière d'agir est celle qu'on doit employer lorsque le prix de vente représente fort exactement la valeur de la chose. Si le prix est inférieur à cette valeur, on calcule différemment. Vous achetez 20 une chose qui vaut 20. La part divise dont vous êtes évincé est égale à $8/20^{mes}$; vous obtiendrez les $16/20^{mes}$ du prix, rien de plus juste. Mais vous avez acheté 10 ce qui valait 20, et vous êtes évincé de $8/20^{mes}$. Ces $8/20^{mes}$ ne représentaient au contrat qu'une valeur de moitié, c'est-à-dire $4/20^{mes}$, et vous ne pourrez réclamer que les $8/20^{mes}$ du prix total. On raisonne en sens inverse, mais en s'appuyant sur les mêmes bases, lorsqu'un objet a été vendu pour une somme supérieure à sa valeur.

Ulpien nous donne les différentes distinctions que

nous venons d'exposer dans la loi 1, au Digeste, *de Evictionibus*.

On ne tient pas compte des variations que la chose a subies depuis la vente. C'est là une différence capitale avec l'action *ex empto*, dans laquelle, pour apprécier le montant de la condamnation à appliquer, on se place au moment où l'éviction se réalise.

Doit-on, pour déterminer l'indemnité que le vendeur devra payer, prendre en considération la perte partielle de la chose survenue depuis la vente? La perte totale fait disparaître le recours, la perte partielle ne doit-elle pas le diminuer? Cela semble logique. Papinien cependant, dans la loi *Ex mille* (64, *de Evict.*), met la perte partielle à la charge de l'acheteur, conformément aux principes, lorsque l'éviction est partielle, tandis que dans le cas d'une éviction totale, malgré la perte partielle, la stipulation serait encourue pour le tout, ce qui met cette même perte partielle à la charge du vendeur.

Passons en revue les quatre hypothèses prévues par Papinien dans la loi *Ex mille*.

1º Primus a vendu à Secundus un fonds de 1,000 arpents. Le fleuve en enlève 200. Un copropriétaire du vendeur revendique 200 arpents et triomphe. Secundus est évincé pour partie. C'est lui qui supportera la perte partielle des 200 arpents survenue après la vente. Il ne pourra donc obtenir de Primus qu'un cinquième du prix de vente. C'est une décision conforme aux principes.

2º La seconde hypothèse est celle dans laquelle

Papinien donne une solution impossible à justifier. Après avoir perdu 200 arpents par l'action du fleuve, Secundus est évincé des 800 arpents qui lui restaient. Le jurisconsulte décide que Primus, le vendeur, sera tenu de payer le montant de toute la stipulation. C'est une décision contraire aux principes, et contraire aussi à la solution donnée par Papinien lui-même dans l'espèce précédente. Le décider ainsi, ce serait mettre, en effet, à la charge du vendeur la perte partielle survenue entre la vente et l'éviction. Papinien voit une analogie complète entre la dépréciation et la perte partielle de la chose, et décide que, dans les deux cas, le recours de l'acheteur ne doit pas être restreint. Mais il oublie que si les avantages de l'acheteur peuvent être, dans les deux cas, également diminués, la cause de ces diminutions n'est pas la même. L'une cadre avec les principes, et l'autre s'en éloigne. En adoptant la doctrine de Papinien, on arriverait, d'ailleurs, à un résultat qu'il désavouerait lui-même ; car, si l'acheteur est évincé de la totalité de la chose par deux évictions partielles, c'est lui qui supportera la perte survenue depuis la vente, avant l'éviction ; en ce cas d'éviction, même totale, l'acheteur n'obtiendrait pas la totalité de la stipulation. Ce jurisconsulte se contredit lui-même. Il est impossible de justifier cette décision de Papinien, et on doit la considérer comme non avenue, quand on songe surtout qu'il la dément dans toutes les autres hypothèses.

3° Le champ de 1,000 arpents acheté par Secundus n'appartenait à Primus que pour les quatre cinquièmes, soit 800 arpents. L'alluvion augmente ce fonds, qui se trouve avoir une contenance de 1,200 arpents. Le copropriétaire de Primus réclame le cinquième qui lui appartient, c'est-à-dire 240 arpents, et les obtient. Comme c'est au moment du contrat qu'on doit se placer pour considérer quelle est la valeur de l'éviction, l'acheteur ne pourra réclamer que le cinquième de la stipulation, bien que 240 soit supérieur au cinquième de 1,000. Cet accroissement postérieur à la vente ne regarde pas le vendeur.

4° Le fonds acheté par Secundus a successivement été diminué et augmenté par l'action du fleuve. Le fonds de 1,000 arpents en a perdu 200 d'un côté et a gagné 200 arpents d'autre part. Il se compose définitivement de 1,000 arpents comme au jour de la vente. Un tiers évince Secundus d'un cinquième par indivis. Papinien nous dit que Primus ne devra à Secundus ni le quart ni le cinquième de la stipulation. C'est, en effet, Secundus qui doit supporter la perte partielle, et l'accroissement survenu par alluvion ne regarde point Primus. Le fonds, à son égard, se compose de 800 arpents seulement. L'éviction a porté sur un cinquième ; c'est donc un cinquième de 800 que Primus doit garantir à Secundus, c'est-à-dire 160 arpents. Or, 160 arpents sont égaux aux quatre vingt-cinquièmes de 1,000. Primus devra donc à Secundus les quatre vingt-cinquièmes de la somme stipulée.

CHAPITRE IV.

DE LA NATURE DE L'OBLIGATION DE GARANTIE

AU POINT DE VUE DE SA DIVISIBILITÉ
OU DE SON INDIVISIBILITÉ.

L'obligation de garantie est-elle divisible ou indivisible ? C'est là une question fort délicate et qui a vivement préoccupé les auteurs qui l'ont étudiée.

Pour nous, nous n'hésitons pas à dire qu'il ressort clairement des textes romains que l'obligation de garantie est divisible de sa nature.

En droit romain, en dehors des obligations corréales ou solidaires, toutes les obligations se divisaient entre les débiteurs, les créanciers, ou leurs héritiers.

L'obligation du vendeur, nous la connaissons ; elle se résume en ces termes : « Rem habere licere. » C'est là une obligation parfaitement divisible dans son exécution ; le vendeur peut très-bien maintenir pour partie l'acheteur en possession au point de vue romain.

Nous examinerons la garantie dans les différents cas où elle se présente, tant au point de vue actif qu'au point de vue passif, et nous verrons que les textes en démontrent la divisibilité.

Supposons un seul vendeur et un seul acheteur. L'effet de l'indivisibilité serait, dans ce cas, d'empêcher l'exécution partielle du contrat, alors même que les parties y consentent. Or nous trouvons au Digeste (L. 21, tit. II), la loi 1 dans laquelle Ulpien nous dit : « Cum pars evincatur, si quidem pro indiviso, regres- » sum habet pro quantitate evictæ partis, quod si cer- » tus locus sit evictus, non pro indiviso portio fundi » pro bonitate loci erit egressus. » L'acheteur évincé pour partie ne peut recourir que pour ce qui lui est enlevé. Donc l'obligation de garantie est divisible. Nous supposons, en effet, que l'acheteur étant menacé d'une éviction totale, son vendeur arrive à le mainte- nir en possession de la moitié de la chose. L'obligation de garantie est partiellement exécutée, et, d'après la loi d'Ulpien, l'acheteur n'aura de recours que pour moitié.

Supposons qu'il y ait plusieurs acquéreurs ou que l'acquéreur originaire soit mort en laissant plusieurs héritiers. Paul nous dit au Digeste (L. 4, par. 2, 45, 1, *de Verb. obl.*) : « Si is qui duplam stipulatus est, de- » cesserit, pluribus heredibus relictis, unusquisque ob » evictionem suæ partis pro portione sua habebit ac- » tionem. » Au point de vue actif l'obligation de ga- rantie se divise donc pour la part d'intérêt de chacun des créanciers.

Il y a plusieurs vendeurs. Chacun d'eux est-il tenu d'exécuter totalement l'obligation de garantie, ou peut- il se libérer en l'exécutant pour partie? Le texte sur ce point forme la loi 39, par. 2 (D., *de Evict.*). Il suppose que deux propriétaires indivis d'un fonds le vendent avec indication de parts. L'acheteur évincé de la part qui lui vient d'un des vendeurs n'aura pas de recours contre l'autre. Si l'éviction est totale, chaque vendeur sera tenu pour sa part de propriété. Il en sera de même si l'éviction, quoique partielle, porte indistinctement sur les deux parts. La divisibilité de l'obligation de garantie ressort clairement de ce texte, et cependant il s'agit de parts indivises d'une propriété.

M. Eyssautier (*Revue critique*, t. XI, p. 334) pense qu'on doit donner la même solution, alors même que la vente serait faite sans désignation de parts. Cette désignation ne peut, en effet, constituer à elle seule le caractère divisible ou indivisible de l'obligation. Si l'obligation était indivisible, parce qu'il n'y a pas eu déclaration de parts, on pourrait recourir pour le tout contre un seul des vendeurs. Or, c'est là un résultat inadmissible, car aucun lien n'existe entre eux; ils sont indépendants l'un de l'autre et n'ont aucune qualité pour se défendre mutuellement. Leurs droits sur la chose vendue peuvent avoir d'ailleurs une origine différente, et ils ne se serviront pas en ce cas des mêmes moyens de défense. Une telle décision serait enfin en opposition avec le principe qui veut que toute dette se divise entre les différents débiteurs.

Nous donnerons la même décision pour l'exception de garantie; en présence des textes, la logique veut qu'elle soit aussi divisible. L'acheteur exercera le recours en garantie par voie d'exception, lorsqu'il sera attaqué par un vendeur pour les parts autres que la sienne.

Voici le point difficile de la matière. Nous suppo-

sous qu'il n'y a eu qu'un seul vendeur originaire,
mais qu'il est mort en laissant plusieurs héritiers.
Nous sommes donc en présence de plusieurs garants,
mais à la différence de ce qui avait lieu pour plusieurs
vendeurs, les droits de tous ces garants ont une même
origine, et à moins d'une exclusion formelle du revendiquant, le recours en garantie les atteindra tous. Ils
useront aussi des mêmes moyens de défense. C'est là
le principe dans la question qui nous occupe. Nous
nous trouvons en présence de plusieurs textes qui semblent se contredire.

Le premier est une loi de Celse. (L. 62, par. 1,
D., 21, 2.) Le jurisconsulte nous apprend, au commencement de cette loi, que tous les héritiers du vendeur
doivent être appelés en cause pour défendre l'acheteur :
« Omnibusque denunciari, et omnes defendere debent. »
Ne semble-t-il pas résulter de cela que, s'il est nécessaire que tous les héritiers du vendeur soient présents
au procès, le motif en est dans la division qui
s'opère de l'obligation en autant de parts que d'héritiers. Mais Celse, dans la suite de la même loi, et
Vénuléius, dans deux autres, donnent des solutions
qui paraissent être en faveur de l'indivisibilité de
l'obligation de garantie.

Dans la suite de la loi 62, Celse nous dit que si un
seul héritier défend l'acheteur, et que les autres, par
artifice, éludent cette obligation en n'intervenant pas
au procès, le jugement rendu pour ou contre l'héritier
unique, profitera ou nuira à tous les autres. N'est-ce
pas là de l'indivisibilité ?

Paul, dans la loi 85, par. 5, au Digeste (L. 45, tit. I), considère l'éviction et la clause pénale comme des obligations dont le paiement peut être demandé *in solidum*, bien qu'on puisse l'exécuter pour partie. Dès lors, l'obligation de garantie n'est pas indivisible, même *solutione tantum*. Mais dans la même loi, Paul ajoute : « Nam auctoris heredes in solidum denun- » tiandi sunt omnesque debent subsistere et quolibet » defugiente omnes tenebuntur, sed unicuique pro » parte hæreditaria præstatio injungitur. » Tous les héritiers doivent être mis en cause, et si un seul se soustrait à cette obligation, ils seront cependant tous tenus vis-à-vis de l'acheteur. Ce ne peut être là le caractère d'une obligation divisible. Seconde contradiction.

Nous en trouvons une autre dans un fragment de Vénuléius. (L. 139 au même tit., *de Verb. oblig.*, D.) ; « Cum ex causa duplæ stipulationis aliquid intendi- » mus ; venditoris heredes in solidum omnes conve- » niendi sunt, omnesque debent subsistere ; et quolibet » eorum defugiente, cæteris subsistere nihil prodest, » quia in solidum defendenda est venditio, cujus in- » divisa natura est : sed cùm, uno defugiente, omnes » defugisse videantur, ideoque omnes teneantur, uni- » cuique pro parte hereditaria præstatio incumbit. »

Ce texte met le comble à l'obscurité de la question et semble en rendre la solution impossible. Tous les caractères de la divisibilité et de l'indivisibilité s'y confondent et ont pu faire croire que l'obligation de garantie était indivisible à Rome.

Quant à nous, en présence des textes formels que nous avons examinés plus haut, nous pensons que l'obligation de garantie est divisible. Nous restreindrons à une question de procédure les trois textes énigmatiques qui viennent d'être cités.

Nous savons que l'obligation du vendeur, qui se résume en ces mots : « Rem habere licere, » est, de sa nature, à Rome, parfaitement divisible, et ne devient indivisible que lorsque la chose vendue l'est elle-même. Si les héritiers du vendeur sont obligés de soutenir une action en justice pour maintenir l'acquéreur en possession, c'est alors que tous ils doivent intervenir au procès, et plaider *in solidum*. Chacun défendra pour le tout, ses cohéritiers absents, mais ne sera tenu que pour sa part de l'obligation. Les absents seront tenus comme les présents, parce qu'ils ont été représentés au procès, et qu'il y a chose jugée pour tous : « Omnibus vincit aut vincitur, » comme Celse nous l'a dit dans la loi 62. C'est d'ailleurs d'un grand intérêt pratique pour l'acheteur. S'il eût été obligé de défendre lui-même pour les héritiers absents, ceux-ci, vaincus dans l'instance en éviction et actionnés en garantie, auraient pu prétendre qu'ils avaient été mal défendus. Si le cohéritier présent défend seul pour le tout, les absents seront représentés. Et ils seront certainement aussi bien défendus que possible. N'oublions pas, en effet, que tous les cohéritiers ont des droits dont l'origine est commune. Les moyens de défense seront les mêmes pour tous, et, dès lors, l'héritier présent, dont les intérêts sont en jeu, fera valoir

ses moyens de défense de la manière la plus avantageuse. C'est là une façon absolument juste et pratique
surtout d'interpréter les textes qui précèdent. Les intérêts de l'acheteur et des héritiers du vendeur sont
également sauvegardés. L'acheteur, malgré cela, est
obligé de mettre en cause *tous* les héritiers du vendeur;
il ne peut s'adresser à un seul pour le tout. La divisibilité de l'obligation de garantie apparaît dans toute
sa netteté.

Nous pouvons appuyer sur deux arguments la démonstration de cette doctrine :

1° Dans les textes que nous avons vus, il est question seulement de la *cautio duplæ*. Or, cette stipulation peut être considérée comme la stipulation d'une
peine en cas d'éviction. La clause pénale avait pour
effet de rendre indivisible une obligation divisible de
sa nature; c'est-à-dire que la clause pénale était encourue pour le tout, alors même que l'obligation était
exécutée pour partie. Dès lors, il y avait nécessité
pour chaque héritier du vendeur de défendre pour le
tout, puisque l'inexécution même d'une partie du contrat obligeait tous les garants au paiement intégral de
la peine. Peu à peu, cette indivisibilité de la clause
pénale avait disparu. Nous devons penser avec M. Eyssautier (p. 340, t. XI, *Revue critique)*, que le seul
effet de l'indivisibilité de la clause pénale, et dès lors
de la *cautio duplæ*, dans le dernier état du droit, était
d'obliger chaque héritier du vendeur à défendre pour
le tout l'acheteur contre l'éviction. Mais l'obligation
de garantie n'en demeure pas moins divisible.

2° La loi 14 au Code (*de Rei vindicatione*) confirme encore notre opinion. Elle prévoit le cas où le revendiquant n'est pas un tiers, mais un des héritiers mêmes du vendeur, qui se prétend propriétaire de la chose vendue. L'acheteur pourra sûrement lui opposer l'exception de garantie. Mais dans quelle mesure? Là est la question. La loi 14 s'exprime en ces termes :
« Cum a matre domum filii, te sciente, comparasse
» proponas, adversus eum dominium vindicantem, si
» matri non successit, nulla te exceptione tueri potes.
» Quod si venditricis obtinet hereditatem, doli mali
» exceptione pro quâ portione ad eum hereditas perti-
» net, uti non prohiberis. » L'acheteur ne peut opposer l'exception de garantie que pour la part héréditaire de celui qui l'attaque. Donc, si l'exception de garantie est divisible, il faut logiquement décider que l'action l'est aussi. Si on nous dit que la loi 14 est relative à un cas spécial, puisqu'elle suppose que l'acheteur connaissait le danger d'éviction qui le menaçait, nous répondrons que cette circonstance ne peut suffire à elle seule pour constituer la divisibilité de l'exception.

Pour résumer notre opinion sur la matière, nous dirons qu'en droit romain l'obligation de garantie est divisible toutes les fois que l'objet de la vente l'est aussi.

DROIT FRANÇAIS

BIBLIOGRAPHIE

POTHIER . . . . . . *Traité de la vente.*

DALLOZ. . . . . . . *Répertoire de Législation (Vente).*

MOURLON. . . . . . *Droit civil* (t. III, *de la Vente.*)

MARCADÉ. . . . . . T. VI, art. 1625 et suivants.

TROPLONG. . . . . . *Vente* (t. I et II).

DUVERGIER. . . . . *Droit civil* (t. 1, art. 1625 et suivants).

DURANTON . . . . . *Id.* (t. XVI, p. 257 et suivantes).

DELVINCOURT. . . . *Id.* (t. III, p. 149 et suivantes).

AUBRY et RAU . . . *Id.* (t. IV, nos 355 et suivants).

LAROMBIÈRE . . . . *Des obligations* (art. 1222-1223).

EYSSAUTIER. . . . . *De l'obligation de garantie (Revue critique, t. XI).*

BOITARD ET COLMET-
D'AAGE. . . . . . *Cours de procédure civile* (art. 175 et suivants).

DROIT FRANÇAIS

DE LA GARANTIE EN MATIÈRE DE VENTE

Délivrer à l'acheteur la chose vendue et la lui garantir, telles sont les deux obligations que l'article 1663 du Code civil impose au vendeur français. Et l'article 1625, qui forme le premier du sujet que nous avons à traiter, décompose en deux parties, en deux chefs distincts, cette obligation de garantie. Il s'exprime en ces termes : « La garantie que le vendeur » doit à l'acheteur a deux objets : le premier est la » possession paisible de la chose; le second, les défauts » cachés de cette chose ou vices rédhibitoires. » Tel est l'objet de notre travail. Cette matière est réglée dans le Code par les articles 1625 à 1650.

La garantie est de la nature de la vente. L'article 1626, en effet, nous apprend que le vendeur en est tenu vis-à-vis l'acheteur, en dehors même de toute convention spéciale à cet égard. Mais l'article 1627 permet aux parties de diminuer l'obligation de garantie par des clauses insérées dans le contrat, et même de la faire disparaître complétement. La garantie n'est pas de l'essence de la vente, et on peut concevoir ce contrat sans le recours que la loi accorde à l'acheteur. Dans un cas cependant, la garantie est essentielle à la vente : il est prévu par l'article 1628. Même en présence d'une convention de non-garantie, le vendeur est tenu de celle qui résulterait d'un fait à lui personnel. On considérera comme nulle toute clause qui aurait pour but de faire disparaître cette responsabilité. La loi ne peut donner une prime à la mauvaise foi, et toute clause de ce genre serait contraire à la morale et aux bonnes mœurs, et nulle, dès lors, en vertu du principe général de l'article 6 du Code civil.

La garantie de droit est celle que la loi établit elle-même, et qui existe dans la vente indépendamment de toute stipulation. C'est l'article 1626 qui la prévoit. La garantie de fait est celle qui résulte des conventions des parties. L'article 1627 en pose le principe, dont les applications varient à l'infini.

La garantie de droit s'applique à l'éviction ou aux vices rédhibitoires de la chose. La garantie de fait peut être stipulée pour chaque branche de la garantie de droit, et la modifier suivant les circonstances.

CHAPITRE 1er.

DES ÉVICTIONS QUI PERMETTENT D'EXERCER L'ACTION EN GARANTIE.

L'article 1626 prévoit et établit l'action en garantie. En dehors de toute stipulation, le vendeur devra garantir l'acheteur s'il est évincé totalement ou en partie, ou si des charges sont réclamées par un tiers sur l'objet, charges qui n'avaient pas été déclarées au moment de la vente.

Nous avons vu, dans la partie romaine de cette thèse, que l'éviction n'existait, à Rome, que lorsqu'il y avait eu défaite judiciaire, du moins pour l'exercice de l'action *ex stipulatu*. On était moins sévère pour l'action *ex empto*, et il suffisait que l'acheteur ne possédât plus en vertu de la vente, pour que le recours en garantie fût accordé. C'est dans ce sens plus large que le droit français comprend l'éviction, et l'acheteur pourra recourir contre son vendeur en dehors même de tout jugement qui l'aurait dépouillé.

Il y aura donc éviction :

1° Et surtout lorsque l'acheteur succombera dans un procès en revendication. Qu'il soit d'ailleurs demandeur ou défendeur, peu importe. C'est là l'éviction par excellence, l'éviction du droit romain ;

2º Lorsque l'acheteur, assigné en revendication par un tiers dont les droits sont tellement évidents que l'issue du procès en sa faveur ne peut être douteuse, abandonne l'objet acheté. Le vendeur ne peut se plaindre de l'acquiescement de l'acheteur. Dans sa situation il eût agi de même, et le délaissement volontaire lui est avantageux. Il diminue les frais, et, par suite, l'étendue du recours en garantie auquel le vendeur est soumis.

Bien entendu faut-il que l'acheteur fût engagé dans un procès qu'il ne pouvait en aucun cas gagner. Son recours en garantie disparaîtrait si le vendeur prouvait qu'il avait en mains les moyens suffisants de triompher des prétentions du revendiquant;

3º Lorsque l'acheteur demeure propriétaire de la chose qu'il a achetée, mais que la cause de sa possession ne se trouve pas dans la vente. C'est ce qui se produit s'il succède, à un titre quelconque, au véritable propriétaire. L'acheteur devient son héritier, son légataire ou son donataire; ou devient son successeur à titre onéreux et particulier, en lui achetant la chose vendue pour éviter d'en être dépossédé. Dans ces différents cas, ce n'est pas en vertu de la vente que l'acheteur possède : il a été évincé, et l'action en garantie lui sera donnée;

4º Lorsque l'acheteur est poursuivi par les créanciers hypothécaires du vendeur comme tiers détenteur, et paie les dettes inscrites pour conserver l'immeuble ;

5º Lorsqu'il y a un simple trouble dans la possession de l'acheteur. L'article 1604, en effet, veut que l'acheteur ait la possession de la chose; or, il ne peut être question que d'une possession paisible et efficace. Elle cesse d'avoir ces caractères lorsqu'elle est entravée par des menaces ou des faits. Nous comprendrons dans ce mot *trouble* tout ce qui empêche l'acheteur de jouir paisiblement de ce qu'il a acheté. Il est *troublé*, par exemple, si le tiers détenteur de la chose refuse de le mettre en possession, ou si quelqu'un prétend avoir des droits sur cette chose. (Voir en ce sens un arrêt de la Cour d'Orléans, aff. Boucheporn, du 5 juin 1829; Dal., 30, 1, 207.)

Telles sont les différentes sortes d'éviction qui donnent ouverture à l'action en garantie.

Il est une règle générale qui s'applique à toutes et qui domine la matière. Pour que l'éviction engage la responsabilité du vendeur, il faut qu'elle procède d'une cause antérieure à la vente. C'est conforme au principe de notre droit qui, à partir de la vente, met les risques de la chose à la charge de l'acheteur. Le germe d'éviction peut avoir existé seulement au moment de la vente, être inhérent à la chose vendue, cela suffit pour engager la responsabilité du vendeur; il n'est pas nécessaire que le germe d'éviction existât complètement à une époque bien antérieure au contrat. Le vendeur n'avait, par exemple, sur la chose vendue qu'un droit soumis à une condition résolutoire. Lorsque cette condition se réalisera, elle aura un effet rétroactif antérieur ou concomitant à la vente, et le vendeur sera soumis à l'obligation de garantie. La

Cour de Cassation, faisant application de cette règle, a décidé dans deux arrêts (20 mai 1850 et 14 juin 1853) que l'expropriation pour cause d'alignement constituait une éviction dont la cause est antérieure à la vente, lorsqu'elle a lieu en vertu d'une clause domaniale qui obligeait la propriété à adopter l'alignement sans aucune indemnité de la part de l'administration.

Rien n'est plus facile à appliquer que cette règle lorsque le germe d'éviction a une date précise antérieure à la vente. Mais la question se complique et la difficulté est plus grande dans le cas contraire. La prescription nous en fournit un exemple. La Cour de Bordeaux, dans un arrêt du 4 février 1831, a décidé que le vendeur est tenu de garantir l'acheteur d'une éviction produite par l'accomplissement d'une prescription commencée avant la vente. La Cour de Bordeaux a vu dans la possession du tiers détenteur un germe d'éviction qui menace les droits de l'acheteur. Nous répondrons que si la prescription commencée avant la vente se termine après, l'acheteur seul est responsable de cet accomplissement. Il lui était bien facile de mettre un terme à cette possession d'un tiers qu'il n'a pu ignorer. (En ce sens, M. Troplong, t. I, *de la Vente*, n° 425, et un arrêt de la Cour de Bourges du 4 février 1823.)

Nous devons cependant dire qu'il y aura en fait des exceptions dont les magistrats devront tenir compte dans leurs décisions. Il est possible, en effet, que l'acheteur n'ait pu connaître le danger dont il était menacé, soit parce qu'il était loin de l'immeuble vendu, soit pour tout autre motif. Ou bien encore la prescription s'est accomplie à une époque tellement rapprochée de la vente que l'acheteur n'a pu l'interrompre. Le principe adopté par la Cour de Bourges dans son arrêt de 1823, poussé jusqu'à ses dernières conséquences, conduirait à une injustice, car il est certainement des cas où le recours en garantie doit être acordé, bien que la prescription se soit accomplie après la vente. Tout dépend des circonstances. (Marcadé, *De la garantie en cas d'éviction*, n° 2.)

Le vendeur serait responsable des causes d'éviction postérieures à la vente, si elles provenaient de son fait. Rien de plus naturel que cette exception au principe. Comment pourrait-on permettre au vendeur, personnellement tenu envers son acheteur, de faire naître lui-même la cause de l'éviction. Cette éviction, provenant du fait du vendeur, et dont la cause est postérieure à la vente, semble au premier abord difficile à concevoir. Elle sera rare, en effet, car si le vendeur a valablement transmis la propriété, comment l'éviction pourrait-elle provenir de lui ? En voici cependant un exemple : Je vends une chose mobilière à Primus, sans la lui livrer ; je vends postérieurement et je livre à Secundus le même objet. Primus ne pourra obtenir ce qu'il a acheté, car Secundus sera sauvegardé par la maxime de l'article 2279 du Code civil : « En fait de » meubles, la possession vaut titre. » Primus est donc dépouillé par un fait postérieur à la vente et qui procède cependant de son vendeur.

C'est là la seule exception à notre principe. Dans tous les autres cas, les faits postérieurs à la vente restent à la charge de l'acheteur.

La surenchère du dixième exercée conformément à l'article 2185 du Code civil est-elle une cause d'éviction antérieure à la vente ? Les auteurs et la jurisprudence sont partagés sur ce point. Voici l'espèce : Primus achète un immeuble grevé de plusieurs hypothèques et accomplit les formalités de la purge. L'un des créanciers trouvant que le prix de vente n'est pas assez élevé use du droit que lui accorde la loi et requiert la mise aux enchères de l'immeuble en s'engageant à les faire monter jusqu'à concurrence du dixième en sus du prix. L'acheteur se trouve dépouillé. Aura-t-il un recours en garantie? Deux arrêts, l'un de la Cour de Paris du 25 prairial an XII, et l'autre de la Cour de Metz en date du 31 mars 1821, refusent ce recours à l'acheteur. Il a acquis, disent-ils, un immeuble hypothéqué, il connaissait cette circonstance, il savait qu'éventuellement un créancier pouvait requérir la mise aux enchères et l'évincer. C'est une cause légale d'éviction, l'acheteur la connaissait. Il ne peut, dès-lors, en rendre le vendeur responsable. On s'appuie aussi, pour défendre cette opinion, sur les précédents historiques. Pothier nous apprend (*Vente*, n° 88) que le retrait lignager ou le retrait féodal étaient considérés comme des causes légales d'éviction qui restaient à la charge de l'acheteur. On était censé acheter selon la coutume et se soumettre à toutes ses dispositions.

Nous adoptons, avec plusieurs arrêts, l'opinion contraire que de nombreux auteurs ont aussi soutenu. Nous pensons que la surenchère légale de l'article 2185 est une éviction dont la cause est antérieure à la vente et qui doit rester à la charge du vendeur. Il ne peut, en effet, exister de doute sur l'origine de la surenchère. Elle est dans la situation hypothécaire du vendeur dont seul il est l'auteur. L'acheteur connaît certainement ce danger d'éviction, mais il a dû supposer que le vendeur l'en préserverait et arrangerait sa situation de telle sorte que toute éviction de ce chef deviendrait impossible. Cette doctrine a été consacrée le 8 mai 1808 par un arrêt de la Cour Suprême, qui cassait un arrêt de la Cour de Paris. Et, comme le fait très-bien remarquer M. Troplong *(loc. cit.)*, il n'est pas possible de comparer, avec l'opinion contraire, le retrait et la surenchère. Celle-ci provient du vendeur lui-même; le retrait de l'ancien droit était une voie de droit et ne dépendait d'aucune volonté. C'est une différence caractéristique qui ne permet pas d'appliquer aux deux cas une même décision.

Ce qui prouve bien encore la vérité de notre doctrine, c'est que l'acheteur, s'il n'avait pas accompli les formalités de la purge, aurait été évincé, par les créanciers du vendeur, par voie d'expropriation hypothécaire. Personne ne dit, en pareil cas, qu'il n'aurait pas été permis à l'acheteur d'exercer son recours. La même décision doit être donnée dans le cas de purge, car les circonstances sont identiques. Bien plus, la purge était le meilleur parti que pût prendre l'acheteur. Elle est bien plus favorable que tout autre à ses intérêts d'abord et aussi à ceux du débiteur, car elle évite des frais considérables. L'article 2192 *in fine* décide, d'ailleurs, que lorsque la surenchère du dixième enlève à l'acheteur une partie seulement des objets achetés, il a un recours en indemnité contre son vendeur. La même décision doit être étendue au cas où la surenchère s'applique à la totalité des immeubles achetés. Il n'y a pas de raison sérieuse pour décider différemment sur les deux hypothèses.

L'article 708 du Code de procédure civile établit une surenchère du sixième pour certains cas déterminés. Cette surenchère est permise à tous et non pas, comme dans l'hypothèse précédente, seulement aux créanciers hypothécaires du vendeur. Aussi déciderons-nous que cette surenchère du sixième est une cause d'éviction postérieure à la vente et reste à la charge de l'acheteur. Il sera, bien entendu, dispensé de payer le prix de la première adjudication; ce prix serait sans aucune cause entre les mains de ceux qui ont mis l'immeuble aux enchères.

L'article 2191 du Code civil permet à l'acheteur qui veut éviter d'être dépossédé de se rendre adjudicataire sur la surenchère. Le même article décide qu'en ce cas l'acheteur aura un recours contre le vendeur pour le paiement de ce qu'il a payé en plus du prix primitivement stipulé et des intérêts de ce prix. C'est le recours en garantie prévu par la loi au titre de la vente, mais appliqué à une hypothèse particulière. L'acheteur, en effet, souffre une éviction, puisque c'est en payant une somme qu'il reste en possession de l'objet vendu. Ce recours ne devrait-il même pas lui être refusé, si, conformément à l'opinion que nous avons combattue plus haut, la surenchère était une cause d'éviction postérieure à la vente.

Les cas fortuits à partir de la vente restent à la charge de l'acheteur. On doit leur assimiler le fait du prince. Dans cette catégorie rentrent tous les faits de force majeure qui portent atteinte aux droits des propriétaires. Si un acheteur était dépouillé, par exemple, par la loi du 28 août 1792, qui rend aux communes tous les biens que les seigneurs tenaient d'elles, ce serait le fait du souverain qui l'évincerait. Il n'aurait pas d'action en garantie. L'expropriation pour cause d'utilité publique est aussi considérée comme telle et ne donne pas lieu à une indemnité, si ce n'est dans le cas où, comme dans l'espèce de l'arrêt de la Cour de Cassation que nous avons cité plus haut, le danger d'éviction pour cause d'utilité publique aurait existé avant la vente.

La Cour Suprême a jugé, par arrêt du 18 août 1828, une espèce curieuse se rapportant au fait du prince : il s'agissait d'un fief que Jérôme Bonaparte, roi de Westphalie, avait donné au comte de Fursteinstein, en le dégageant de tout lien féodal, ce qui permettait au titulaire d'en disposer. Il le vendit au baron de Boucheporn, dont les héritiers furent dépouillés en 1813, lorsque l'Électeur de Hesse-Cassel revint dans ses États. Les héritiers de Boucheporn intentèrent une action en garantie contre ceux du baron de Fursteins-

7

tein, et la Cour de Cassation cassa un arrêt de la Cour
de Paris qui leur avait refusé le recours. En effet, le
cas d'éviction qui nous occupe existait en germe au
moment de la vente et ne pouvait rentrer dans la catégorie des cas fortuits. L'affaire fut renvoyée devant la
Cour d'Orléans, qui donna gain de cause aux héritiers
de Boucheporn. La Cour de Cassation, saisie une
seconde fois de la question, consacra cette doctrine
par un arrêt de Rejet de la Chambre des Requêtes,
le 14 avril 1839.

La violence qui est postérieure à la vente n'engage
en aucune façon la responsabilité du vendeur. Si
l'acheteur est troublé dans sa possession paisible, c'est
un cas fortuit qu'il doit supporter. Le vendeur ne
pourrait être responsable de la violence que s'il en
était l'auteur.

Lorsque l'acheteur, à Rome, était évincé sur une
sentence inique du juge, la loi 67 au Digeste (L. 46,
tit. I) nous apprend que c'était là un cas fortuit postérieur à la vente. Chez nous : « Res judicata pro veri-
» tate habetur. » Toute chose jugée est considérée
comme vraie, et cette maxime de haute utilité sociale
nous donne la solution de la question. Le vendeur
est-il appelé en cause, il ne peut se fonder sur l'erreur
judiciaire et se soustraire à la responsabilité de garantie ; s'il n'a pas été mis en cause, les avis sont différents. Pothier, et avec lui des auteurs modernes,
pensent que la chose jugée n'étant que relative, ne
s'appliquant qu'aux parties en instance, le vendeur y
est étranger, peut contester le bien-jugé et se soustraire

ainsi à l'obligation de garantie. D'autres personnes
pensent, avec M. Troplong, que le vendeur non mis
en cause sera tenu de l'erreur du juge, s'il ne prouve
pas qu'il avait les moyens de repousser le revendiquant. L'acheteur, dans cette opinion, ne peut souffrir
de l'erreur des magistrats auxquels il est obligé de
soumettre la contestation. — Marcadé soutient aussi
cette doctrine. (Art. 1626 et suiv., n° 2.) Il ne
l'appuie pas sur la nécessité de recourir aux tribunaux, mais il considère la responsabilité du vendeur
en ce cas comme un effet impossible à éviter de l'autorité de la chose jugée. Cette seconde opinion nous
paraît préférable. Si le vendeur qui n'a pas été mis en
cause avait les moyens de triompher dans le procès en
revendication, c'est la faute de l'acheteur si la sentence
est mal rendue ; mais dans le cas contraire, l'éviction
étant inévitable, le vendeur ne pouvait y échapper, et,
dès lors, que la sentence soit bien ou mal fondée, le
recours en garantie doit être donné à l'acheteur.

Contrairement au droit romain, nous déciderons que
l'éviction n'a pas besoin d'être réalisée pour que l'action en garantie puisse être exercée. C'est ce que l'article 1599 consacre quand il donne à l'acheteur de la
chose d'autrui un recours en dommages-intérêts dès
qu'il apprend que l'objet vendu n'appartient pas au
vendeur. La propriété, en effet, n'a pas été transmise
à l'acheteur.

Il n'est pas nécessaire pour le recours que l'éviction
soit soufferte par l'acheteur lui-même. Si un de ses
ayant-cause la subissait, l'acheteur pourrait recourir

contre le vendeur. Il s'agit de savoir quelles sont les personnes que nous devons comprendre dans le mot *ayant-cause*. Il s'applique d'abord aux successeurs à titre universel de l'acheteur. Ils continuent sa personne et succèdent à l'intégralité de ses droits. S'ils sont évincés, le vendeur ne peut échapper au recours.

Mais si l'éviction est soufferte par un successeur à titre particulier de l'acheteur, celui-ci pourra-t-il intenter l'action en garantie? Pothier (*Vente*, n° 98) distingue. Le successeur à titre particulier l'est-il aussi à titre gratuit, le recours est refusé; est-ce un successeur à titre onéreux, le vendeur pourra être atteint. Et Pothier explique cette distinction en disant que l'acheteur qui a fait donation de l'objet acheté est à l'abri de tout recours de la part du donataire ; il ne peut éprouver aucune perte, et n'a aucun motif, dès lors, pour réclamer une indemnité de garantie. Mais si l'éviction peut nuire à l'acheteur, parce qu'il est tenu à l'égard de son ayant-cause, second acheteur, je suppose, le vendeur primitif serait soumis au recours. Cette opinion ne saurait être admise, car elle aurait pour conséquence de soustraire le vendeur à la responsabilité qui lui est imposée ; c'est lui, en dernière analyse, qui profiterait de l'éviction. Cette circonstance, que l'acheteur a donné la chose au lieu de la vendre ou de la garder, ne peut modifier le principe.

L'acheteur pourra donc toujours exercer l'action en garantie.

Mais le successeur à titre particulier ? Nous pensons, et c'est la doctrine unanimement admise, qu'il

pourra toujours exercer l'action en garantie; et peu
importe qu'il s'agisse d'un successeur à titre gratuit
ou d'un successeur à titre onéreux. Dans notre droit,
toute personne qui aliène une chose transmet avec elle
tous les droits et toutes les actions qui reposaient sur
sa tête. Cette cession tacite est la conséquence même
du contrat, et une convention contraire pourrait seule
l'empêcher. Le successeur à titre particulier pourra
donc, en vertu de cette cession, agir directement contre
le vendeur de son auteur.

La Cour de Cassation a consacré cette doctrine par
arrêt du 25 janvier 1820, cassant un arrêt de la Cour
de Rouen (18 août 1817), qui avait admis l'opinion
contraire professée par Pothier. La Cour de Bordeaux s'est aussi prononcée deux fois en ce sens.
(5 avril 1826 et 4 février 1831.)

M. Duranton (t. XVI, p. 276) appuie la solution que
nous venons de donner sur l'article 1166 du Code civil.
Il considère le donataire ou le second acheteur comme
le créancier de l'acheteur primitif, et leur donne, à ce
titre, le pouvoir d'exercer tous les droits et actions du
débiteur, ce qui comprendrait l'action en garantie
contre le premier vendeur. C'est là un motif inexact,
puisque nous venons de dire que c'est en son propre
nom qu'agit l'ayant-cause particulier, en vertu de la
cession implicite d'actions que nous avons admise.
Enfin, le motif invoqué par M. Duranton serait très-
dangereux. Nous savons, en effet, que tout ce que les
créanciers d'un homme obtiennent, en vertu de l'article 1166, tombe dans le patrimoine du débiteur, et

devient le gage commun de tous ses créanciers. L'ayant-cause particulier serait alors obligé de partager au marc le franc si la situation de son auteur se trouvait compromise. La subrogation tacite est donc le seul motif exact sur lequel on puisse appuyer le recours contre le vendeur. C'est à tort que l'arrêt de la Cour de Bordeaux de 1826 a invoqué, à l'appui de sa décision, l'article 1166.

Le recours en garantie est donné à l'acheteur, qu'il soit évincé de tout ou partie de la chose. L'éviction partielle comme l'éviction totale engage le vendeur. Mais en cas d'éviction partielle, l'article 1636 nous apprend qu'il faut distinguer suivant les cas. Si la partie sur laquelle porte l'éviction est peu importante et que l'acheteur eût conclu la vente malgré l'absence de cette partie, le contrat ne sera pas résilié. Dans le cas contraire, il y aura résiliation. Si la vente n'est pas résiliée, l'article 1637 dit que l'acheteur sera indemnisé de l'éviction partielle. Nous laissons de côté pour le moment la quotité de l'indemnité.

Une difficulté se présente quand l'éviction n'est que partielle. L'article 1619 du Code civil décide que l'acheteur n'a droit à aucune indemnité lorsque la chose vendue n'a pas la contenance portée au contrat, mais que la différence en moins est inférieure au vingtième de cette contenance. L'article 1636 trouvera-t-il en ce cas son application ? Nous ne le pensons pas, car les deux articles sont tout à fait indépendants l'un de l'autre. L'article 1619 ne prévoit pas une éviction ; dans l'espèce sur laquelle il statue, l'acheteur reste en possession de l'objet acheté, seulement la contenance portée au contrat n'est pas exacte, et cet article a été édicté dans le but d'éviter une résiliation de la vente pour une différence insignifiante. Tout autre est la disposition de l'article 1636. Nous sommes ici sur la matière de la garantie ; il s'agit d'une éviction violente qui enlève à l'acheteur une partie de l'objet dont il a été mis pour le tout en possession. Il est évincé et doit être garanti, quel que soit le peu d'étendue ou de valeur de la partie dont il est privé. Les deux principes diffèrent absolument. La jurisprudence a cependant, à tort, consacré le contraire en considérant que l'article 1619 doit être appliqué en présence de l'article 1636. (En ce sens, deux arrêts, l'un de la Cour de Colmar et l'autre de la Cour de Lyon.) L'arrêt de la Cour de Lyon a été cassé le 14 janvier 1851 par la Cour de Cassation, qui a consacré l'opinion soutenue plus haut, en considérant que celle des deux autres Cours appliquait à faux l'article 1619 et violait l'article 1636.

L'acheteur d'un objet vendu sur vente forcée aurat-il un recours en garantie dans le cas où il serait évincé ? Cette éviction permet-elle d'obtenir une indemnité ? La question est délicate et compliquée.

Il faut supposer qu'un immeuble a été saisi, vendu sur expropriation forcée et que celui qui en est devenu adjudicataire est plus tard évincé. Trois opinions se partagent les commentateurs sur ce point.

M. Troplong, se fondant sur l'avis de Pothier, refuse tout recours à l'acheteur. Et, pour soutenir ce système, l'éminent magistrat dit que personne en réa-

lité n'est vendeur, pas plus les créanciers que le saisi :
c'est la justice, en quelque sorte, qui se substitue au
véritable propriétaire et joue le rôle de vendeur. Comment pourrait-on exercer une action en garantie ?
(Troplong, t. II, n° 432.)

La jurisprudence des Cours d'Appel se range à une
autre opinion et a entraîné avec elle M. Persil
(*Quest.*, t. II, p. 241.) D'après elle, l'acquéreur sur
vente forcée pourrait recourir, non-seulement contre
le saisi, mais encore contre le saisissant, qui, dans
l'espèce, joue le rôle de vendeur, puisqu'il provoque
la vente, et, à ce titre, doit être tenu.

Une troisième opinion est consacrée par la Cour Suprême et suivie par un très-grand nombre d'auteurs.
Elle conserve au saisi son véritable rôle ; quoique vendeur forcé, il est vendeur : c'est sur lui que reposait
en apparence la propriété des objets saisis, et si cette
propriété n'était pas réelle, l'acheteur étant évincé, le
saisi est toujours tenu à la garantie. (Voir en ce
sens un arrêt de la Cour de Cassation du 16 décembre 1858.) — Cette opinion nous paraît être incontes-
table.

M. Marcadé ajoute (t. VI, p. 256) que les créanciers du saisi pourront être tenus en vertu du principe
général de responsabilité édicté par l'article 1382, si
l'éviction que subit l'acheteur peut leur être repro-
chée, soit parce qu'ils ont compris dans la saisie des
biens qui n'appartenaient pas au débiteur, soit parce
que leur poursuite en expropriation contenait des irré-
gularités qui ont causé l'annulation de l'adjudication.

Quelle sera la situation de l'acquéreur sur expropriation forcée évincé ? Il répétera contre le saisi les dommages-intérêts auxquels lui donne droit l'éviction.
Quant au prix, il pourra le demander aux créanciers
poursuivants entre les mains desquels il est sans
cause. La somme a été payée à des personnes aux-
quelles elle était due, c'est vrai ; mais elle n'était pas
due par l'adjudicataire. Il a payé par erreur, et l'article 1377 lui donne le droit de répéter.

CHAPITRE II.

DES MODIFICATIONS QUE PEUT SUBIR L'OBLIGATION DE GARANTIE.

L'article 1627 du Code civil pose le principe de ces modifications. Il nous dit que les conventions spéciales des parties contractantes peuvent étendre, restreindre ou faire même disparaître toute obligation de garantie. Les parties devaient avoir toute liberté sur ce point; nous savons d'ailleurs que la garantie n'est pas de l'essence de la vente.

Le Code réglemente les effets des stipulations les plus fréquentes sur l'étendue de la garantie, dans les articles 1627, 1628 et 1629.

Nous connaissons la garantie de droit. Elle s'étend aux évictions dont la cause est antérieure à la vente, et ne s'applique aux faits postérieurs que lorsqu'ils proviennent du vendeur. Le fait du prince, la force majeure, les cas fortuits retombent, suivant le droit commun établi par l'article 1626, sur l'acheteur seul. Le vendeur, par une stipulation spéciale, peut s'engager à les garantir.

De pareilles clauses sont tellement avantageuses pour l'acheteur et si peu en harmonie avec l'esprit de nos lois, qu'elles produiront leur effet seulement dans le cas où la garantie extensive sera établie dans des termes parfaitement clairs et indicatifs de la volonté des parties contractantes. Une vague promesse ne suffirait pas. La jurisprudence a eu à se prononcer sur ce point, et la Cour de Cassation, par arrêt du 27 pluviôse an II, a décidé que la clause de garantie de « toutes évictions et empêchements quelconques » ne pouvait suffire pour obliger le vendeur à indemniser l'acquéreur d'une éviction qui avait pour cause le fait du souverain. C'est là une décision parfaitement raisonnable.

La Cour de Bordeaux a jugé de même le 23 janvier 1826. Il s'agissait d'un partage fait entre deux frères; l'un d'eux avait reçu principalement des rentes féodales qui lui avaient été garanties en ces termes par l'acte de partage : « Garantissant le dit les » objets à lui demeurés. » Et plus loin : « lequel ..... » sera garanti par ..... des objets mis dans son lot. » La loi du 17 juillet 1793 supprima sans indemnité ces rentes féodales : recours en garantie repoussé par la Cour de Bordeaux. Les termes qui établissaient la garantie dans l'acte de partage n'étaient pas assez explicites pour qu'elle pût être étendue au fait du prince. Il faudrait pour cela une stipulation formelle prévoyant absolument le cas. La garantie de « tous troubles et évictions » ne comprend donc que ceux qui rentrent dans la garantie de droit naturelle à la vente. Et cette décision est d'autant plus conforme à l'esprit de la loi que la clause de garantie de « tous troubles et évictions quelconques » est devenue de style et est insérée dans tous les contrats de vente sans que les parties en comprennent la portée et veuillent s'y soumettre.

La Cour de Cassation a décidé, par arrêt du 19 floréal an XII, que la clause générale de garantie insérée dans un acte de vente sera assez puissante pour embrasser absolument toutes les causes d'éviction, même celles pour lesquelles on exige ordinairement une stipulation spéciale, s'il résulte d'ailleurs de l'ensemble des circonstances du contrat que telle a été l'intention des parties. Il faut, en effet, pour donner un sens raisonnable à cette clause générale de garantie, supposer que le vendeur, en la signant, a voulu s'engager au-delà de la garantie de droit.

Si à la clause de garantie générale se joint l'énonciation des causes possibles d'éviction, il est alors naturel de penser que la clause a pour but de s'étendre à ces évictions. Supposons, par exemple, que le vendeur ait déclaré les hypothèques qui grèvent l'immeuble ; l'article 1626 en ce cas le dispenserait de les garantir. Mais si à cette déclaration se joint la clause générale de garantie, il est naturel de penser que le vendeur a voulu se soumettre à la garantie de ces hypothèques. La Cour de Cassation s'est prononcée en ce sens par l'arrêt du 7 frimaire an XII.

Ce sont les tribunaux qui examineront en fait jusqu'à quel point la clause générale de garantie engage la responsabilité du vendeur.

L'obligation peut aussi être diminuée, soit par des conventions formelles, soit par les circonstances qui entourent le contrat.

La garantie de droit s'étend à toutes les évictions dont la cause est antérieure à la vente. L'acheteur peut acheter à ses risques et périls; en ce cas, bien que la cause d'éviction soit antérieure au contrat, le vendeur ne serait pas tenu de garantie. La chose vendue appartenait-elle à autrui, par exemple, l'acheteur ne pourrait s'en plaindre. Cette exception est consacrée par l'article 1629.

Ce même article établit une autre restriction au principe de la garantie, dans le cas où l'acheteur a connu, au moment de la vente, le danger d'éviction qui le menaçait. Peu importe le moyen par lequel l'acheteur a été informé, le Code ne distingue pas, et la conséquence sera la même, qu'il ait été instruit par l'acheteur ou par ses propres moyens. Il y aura là seulement une question de preuve qui sera résolue en fait par les tribunaux. Nous sommes en dehors du droit commun, et le vendeur qui invoque en sa faveur une libération, devra prouver qu'en réalité l'acheteur a connu le danger d'éviction. C'est le principe de l'article 1315 que l'on devra appliquer dans ce cas. Tout ceci est indépendant de la restitution du prix payé par l'acheteur dont parle l'article 1629; il ne s'agit en ce moment que de l'indemnité même de garantie, et nous disons que la connaissance, chez l'acheteur, du danger d'éviction, de quelque manière que ce soit, en libère le vendeur.

Pour les hypothèques qui grèvent l'immeuble vendu, il y a des dissidences sur le point de savoir si la garantie est également diminuée, soit que le vendeur les

ait déclarées, soit que l'acheteur les ait connues *extrinsecùs*. M. Troplong (t. I, 418) distingue sur ce
point, suivant que les hypothèques émanent du vendeur lui-même ou d'un tiers qui a été propriétaire de
l'immeuble avant lui. Dans le premier cas, l'immeuble
est affecté à la sûreté d'une dette personnelle au vendeur, et la connaissance que l'acheteur a eu des hypothèques ne peut suffire pour le priver de son recours;
il a dû supposer que le vendeur, tenu personnellement,
s'arrangerait de manière à ce que cette dette fût payée
autrement que par l'éviction de son acheteur. — Si les
hypothèques sont affectées à la sûreté d'une dette étran-
gère au vendeur, M. Troplong pense, et avec raison,
que celui-ci ne sera pas tenu de garantir l'acheteur
évincé par les créanciers, si l'acheteur a connu ce
danger au moment du contrat. L'acquéreur, ici, n'a
pu espérer sérieusement que le vendeur libérerait l'immeuble, et le lui livrerait franc et quitte de toutes
hypothèques. C'est là une décision parfaitement conforme aux principes juridiques.

Marcadé n'admet pas cette distinction, et enseigne,
sur l'article 1629 (n° 6), que, quel que soit le débiteur
de la dette garantie sur l'immeuble vendu par des
hypothèques, la connaissance que l'acquéreur a de ce
danger d'éviction suffit pour mettre le vendeur à l'abri
de l'action en garantie. Cet auteur ne voit pas que
l'exception que nous avons admise soit écrite dans la loi,
tant pour la provenance des hypothèques que pour les
hypothèques et toutes les autres charges qui retombent
sur l'acheteur, lorsqu'il les a connues même *extrinsecùs*.

Malgré cette argumentation, nous croyons encore que la distinction exposée plus haut est imposée par la raison et doit être suivie, car elle est indiquée par la nature même des choses. Nous assimilerons, à part cela, au point de vue de ses effets, la déclaration du vendeur, et la connaissance extrinsèque de l'acheteur.

Les auteurs ont beaucoup discuté sur ce point. M. Duvergier (n° 319, t. I) et MM. Aubry et Rau (t. IV, p. 355) pensent que, lorsque l'éviction a pour cause les hypothèques, la déclaration de ces hypothèques est absolument nécessaire, quel que soit le débiteur de la dette dont elles assurent le paiement. Nous serons ici de l'avis de Marcadé, qui ne voit pas pourquoi on distinguerait entre les hypothèques d'une part, et toutes les autres charges d'autre part. La distinction que nous avons adoptée est logique, parce que c'est la raison même qui l'indique. Toute autre n'a aucun fondement.

Aussi n'admettons-nous pas l'opinion de M. Duranton, qui enseigne (t. XVI, p. 261) que la déclaration du vendeur, pour les hypothèques, suffit à le décharger de la garantie lorsque la dette émane des tiers; mais si les hypothèques proviennent du chef du vendeur, une stipulation de non-garantie serait absolument nécessaire, pour le soustraire au recours de son acquéreur évincé.

En un mot, et pour nous résumer encore, la déclaration du vendeur et la connaissance de l'acheteur produisent le même effet, à part l'exception relative aux hypothèques suivant leur origine, et la différence pratique au point de vue de la preuve.

Il est encore une modification restrictive de l'obligation de garantie, dans le cas où la personne qui pourrait intenter l'action en garantie est elle-même soumise à cette action. C'est, en d'autres termes, l'application de cette maxime : « Quem de evictione tenet » actio eumdem agentem repellit exceptio, » maxime si utile et que nous avons déjà vue en droit romain. Voici, d'ailleurs, l'hypothèse : J'achète une maison à Paul, et je la revends à Guillaume. Celui-ci est poursuivi par un tiers pour une cause antérieure même à la vente que Paul m'a consentie. Guillaume aura contre moi le recours que je pourrai, de mon côté, exercer contre Paul. Mais, admettons que Guillaume devienne héritier de Paul : il est, vis-à-vis de moi, garanti et garant. Les deux obligations se compensent; rien n'est plus juste. Il y a là une restriction forcée de mon obligation de garantie.

Elle est encore restreinte en dehors de toute clause, lorsque l'éviction, tout en ayant une cause antérieure à la vente, procède de la faute ou du fait de l'acheteur. En voici un exemple : Paul hypothèque à Pierre une maison et la donne plus tard à Jacques, qui la vend à Jean. Jean la revend à Paul, le débiteur originaire. Si celui-ci est évincé, il n'aura aucun recours contre Jean, car c'est de son fait que procède l'hypothèque qui l'a dépouillé.

L'article 1628 nous apprend que le vendeur, même lorsqu'il y a une clause de non-garantie, reste cependant tenu des faits qui lui sont personnels. La loi ne pouvait donner au vendeur de mauvaise foi le droit de dépouiller son acheteur. C'est la seule restriction que la loi apporte au droit des parties de faire disparaître l'obligation de garantie. Il faut interpréter sainement cette disposition. La loi n'a pas voulu que le vendeur pût, postérieurement à la vente, troubler la possession de son acheteur. Mais s'il s'agit d'un fait du vendeur déjà accompli au moment où le contrat est conclu, et qu'il déclare en stipulant qu'il n'en sera pas garant, rien n'empêche que cette clause reçoive son exécution. C'est un fait que l'acheteur connaît, et dont il prend les conséquences à sa charge ; rien n'est plus loyal. Mais une clause générale de non-garantie ne suffirait pas, si le fait du vendeur n'était pas spécialement déclaré et déterminé. Ce serait, en effet, un piége tendu à la bonne foi de l'acheteur. La loi ne saurait le tolérer.

D'après l'article 1629, le vendeur est tenu de restituer à l'acheteur le prix de la chose vendue, même lorsqu'il y a une stipulation de non-garantie. En cas d'éviction, en effet, le prix resterait sans cause entre les mains du vendeur, et il serait contraire à toutes les idées de justice et de morale de ne pas l'obliger à le rendre. L'article 1629 fait deux exceptions au principe qu'il pose ; elles sont relatives au cas où la vente est faite aux risques et périls de l'acheteur et à celui où l'acheteur avait connaissance, au moment de la vente, du danger d'éviction. Nous trouvons la disposition de notre article écrite au Digeste. (L. 11, par. 18, *de Act. empt.*)

8

On comprend l'exception dans la vente faite aux risques et périls de l'acheteur. Il s'agit, en quelque sorte, d'un coup de filet, d'une espèce de vente aléatoire qui peut bien ou mal tourner suivant les circonstances. Comme le prix sera généralement proportionné aux chances, il n'y a rien de contraire au bon sens ou à l'équité à ce qu'il demeure entre les mains du vendeur si l'acheteur est évincé.

Quant à la connaissance du danger d'éviction, la question est plus délicate. L'ancienne jurisprudence trouvait injuste qu'en ce cas le vendeur restât nanti du prix. Comment cette connaissance peut-elle suffire pour que le vendeur s'enrichisse aux dépens de l'acheteur ? C'était l'avis de Cujas et de Pothier. Et Cujas allait même jusqu'à accorder la restitution du prix à l'acheteur alors qu'on avait inséré dans le contrat une clause de non-garantie qui venait s'ajouter à la connaissance de la possibilité d'éviction. La Cour de Paris avait consacré cette doctrine par un arrêt du 12 mars 1808.

D'autres auteurs enseignaient que l'acheteur, qui payait le prix quand il connaissait le danger d'éviction, perdait le droit de le revendiquer alors même que le contrat ne contenait pas une clause de non-garantie. On appliquait rigoureusement la loi 27, *de Evictionibus*, au Code de Justinien.

Voët enseignait une doctrine intermédiaire et voulait que le prix fût restitué à l'acheteur toutes les fois qu'à la connaissance du danger d'éviction ne se joignait pas une clause de non-garantie. Quand les deux circonstances se trouvaient réunies, l'acheteur ne pouvait répéter le prix. L'article 1629 du Code civil est la reproduction dans notre droit de l'opinion de Voët. Il suppose, en effet, une clause de non-garantie, et nous apprend qu'elle ne suffit pas pour dispenser de la restitution du prix, à moins que l'acheteur n'eût connaissance du danger d'éviction. Et cela est logique, car cette conservation du prix par le vendeur qui ne fournit rien en revanche est tellement exorbitante qu'il faut, pour l'admettre, que l'intention des parties ressorte clairement de l'ensemble du contrat. Une seule des deux circonstances ne saurait suffire. La Cour de Douai s'est prononcée en ce sens par un arrêt du 16 février 1846 (Dalloz, 46, 2, 227), et met parfaitement en lumière le principe.

Dans l'article 1599, relatif à la vente de là chose d'autrui, la connaissance qu'avait l'acheteur de cette circonstance suffit pour décharger le vendeur de l'obligation de garantie. Mais c'est pour les dommages-intérêts seulement ; le vendeur reste, d'ailleurs, tenu de restituer le prix.

Si la clause de non-garantie s'ajoute à la connaissance du danger d'éviction, on comprend que le vendeur puisse garder le prix ; c'est une simple prétention qui fait l'objet de la vente : il n'y a pas de doute possible.

Nous savons que la garantie de droit est modifiée tant par la déclaration du vendeur que par la connaissance de l'acheteur; nous les avons assimilées, moins un cas. En est-il de même pour la restitution du prix ? En d'autres termes, en dehors de toute

clause de non-garantie, la déclaration du danger
d'éviction par le vendeur ne le dispense-t-elle pas de
la restitution éventuelle du prix ? Malgré l'avis contraire de M. Duranton, qui assimile la déclaration du
vendeur à une clause de non-garantie s'appliquant
même à la restitution du prix (t. XVI, n° 26, p. 272),
nous pensons que l'acheteur peut répéter son prix en
présence de cette déclaration. (*Sic* M. Troplong, t. 1.
n° 483; Arrêt de la Cour de Paris du 16 juillet 1832,
D., 32, 2, 214.) « Attendu, dit cette Cour, que la
» connaissance donnée dans le contrat à l'acquéreur
» de la cause d'éviction possible résultant de la clause
» de retour..... ne suffit pas pour affranchir le ven-
» deur de *tout* recours. » Et la Cour, faisant application de ce principe, permit à l'acheteur de répéter son
prix. Cette déclaration du vendeur ne suffit que pour
écarter l'obligation aux dommages-intérêts. Il faut,
pour faire disparaître la restitution du prix, quelque
chose de plus formel.

Quand il y a une clause de non-garantie, c'est, encore ici, au vendeur à prouver que l'acheteur connaissait le danger d'éviction au moment du contrat. Il invoque un fait qui est en dehors des présomptions et
qui aurait pour but de le soustraire au droit commun :
sur lui retombe la charge de la preuve.

Le danger d'éviction est censé connu de l'acheteur
lorsqu'il est écrit dans la loi elle-même. Les principes
de notre droit n'admettent pas qu'on l'ignore en ce cas.
On est censé se soumettre aux causes d'éviction que la
loi met à la charge des propriétaires. Nous trouvons
plusieurs exemples dans nos Codes; c'est le retrait

successoral qu'exercerait un cohéritier du vendeur (841, C. C.) ou le retrait litigieux (1699, C. C.). Le vendeur n'aurait pas à prouver alors que l'acheteur connaissait ces circonstances ; il y a présomption *juris et de jure*.

Mais rien ne défend aux parties de stipuler qu'au cas d'éviction le vendeur sera même dispensé de restituer le prix. Cette stipulation n'est pas contraire à la morale et peut être légitimée par les circonstances. Elle devra seulement être formelle et clairement exprimée. Il n'y a pas, du reste, de formule sacramentelle. La clause le plus ordinairement employée est la clause « sans garantie ni restitution de deniers. » Si l'acheteur la laisse insérer dans le contrat, il ne pourra répéter le prix.

La clause de non-garantie générale ne dispense le vendeur que des dommages-intérêts. Lors donc que le contrat de vente contient une clause qui le libère de ces dommages-intérêts, elle équivaut à la stipulation de non-garantie.

Sans se soustraire à l'obligation générale de payer des dommages-intérêts, le vendeur peut en régler la quotité d'avance. Cette fixation a l'avantage de soustraire les parties à l'appréciation du juge, mais elle est, suivant les circonstances, avantageuse ou désavantageuse.

L'obligation de garantie peut aussi être diminuée, en ce sens que l'acheteur s'engage à garantir le vendeur dans telles circonstances déterminées, et se soustrait à cette obligation pour tous les autres cas.

CHAPITRE III.

EXERCICE DE L'ACTION EN GARANTIE.

Nous savons quelles sont les conditions qui donnent ouverture à cette action, comment on peut la restreindre, l'étendre ou la faire disparaître; examinons-la lorsqu'elle est mise en pratique.

Quel sera le demandeur, quel sera le défendeur ? Quelle en sera la procédure ; à quelle condamnation conduira-t-elle ? Nous verrons ensuite comment le défendeur y pourra répondre ; quelles sont les exceptions que la loi met à sa disposition.

En principe, c'est l'acheteur qui est demandeur à l'action en garantie. C'est lui qui est dépouillé et qui doit avoir le recours en indemnité. Ses successeurs à titre universel, continuateurs de sa personne, auront le même droit. Il se divisera entre eux antérieurement au partage, et postérieurement l'héritier évincé pourra recourir contre le vendeur d'abord, et aussi contre ses cohéritiers garants du partage; il ne pourra, bien entendu, être indemnisé qu'une fois. Les deux recours ont l'avantage de diminuer les chances d'insolvabilité.

Les successeurs à titre particulier, soit gratuit, soit onéreux, pourront exercer l'action en garantie. Nous avons vu qu'il y a à leur profit une cession tacite des droits et actions de l'acheteur.

Toutes les explications que nous avons données au chapitre de l'éviction suffisent pour nous faire connaître quel sera le demandeur à l'action en garantie.

Quant au défendeur, c'est ordinairement le vendeur. Les continuateurs de sa personne, ses successeurs à titre universel, peuvent aussi être tenus. Il faudra examiner en fait quel est le véritable vendeur ; on ne considérerait pas comme tel celui qui ne fait qu'intervenir à la vente, par exemple le créancier hypothécaire ou l'usufruitier qui renoncent à leurs droits.

Dans le cas de plusieurs ventes successives, le défendeur à garantie pourra être le vendeur primitif. C'est le résultat de la cession tacite d'actions.

Si la vente était cautionnée, il suffit que le vendeur soit condamné pour que la caution soit tenue. Mais il est plus sage de la faire intervenir au procès en éviction, car elle pourra faire valoir ses moyens de défense. Si la caution n'était pas mise en cause, il serait possible qu'elle opposât plus tard des moyens qui la mettraient à l'abri du recours. C'est un danger pour l'acheteur, et des frais nouveaux et inutiles. Il vaut donc mieux mettre la caution en cause.

L'action en garantie peut s'exercer par voie principale ou par voie incidente.

La garantie par voie principale est réglée conformément aux dispositions de nos lois relatives à toutes les autres instances. Il faut supposer que l'acheteur attaqué par un tiers en revendication succombe, et,

après avoir été condamné, intente sa demande en garantie contre le vendeur. Cette demande sera soumise
à tous les détails ordinaires de procédure. La condamnation précédente ne dispense les parties d'aucune
formalité.

Cette manière d'agir est très-désavantageuse pour
l'acheteur. Elle l'oblige, en effet, à supporter les frais
de la première instance. La loi lui permettait, par
l'article 175 du Code de procédure civile, de joindre
les deux instances; il ne l'a pas fait : sur lui doivent
retomber les frais d'un procès qu'il pouvait facilement
éviter. La voie de garantie principale est aussi dan-
gereuse pour l'acheteur, car l'article 1640 le prive de
son recours contre le vendeur non mis en cause, lorsque celui-ci prouve, le jugement étant définitif, qu'il
avait les moyens suffisants de faire triompher l'acheteur. Aussi devons-nous ajouter qu'il est fort rare, en
pratique, de voir les acheteurs évincés exercer la garantie par instance principale. Ils bénéficient généralement des dispositions de l'article 175.

Paul a acheté à Pierre un immeuble que Jean revendique. Paul, s'il est prudent, mettra Pierre en
cause pour se faire indemniser. Paul ne doit pas laisser passer la huitaine, du jour où il a été assigné par
le revendiquant, pour assigner lui-même son vendeur.
C'est la disposition de l'article 175 (C. P. C.). L'article
ajoute un délai de distance qui est réglé par la loi du
3 mai 1862. Si le garant n'est pas domicilié dans le
lieu où est lancée l'assignation primitive, le délai de
mise en cause est augmenté d'un jour par cinq my-

riamètres du lieu où doit être jugé le procès à l'habi-
tation du garant.

Mais il peut se faire qu'il y ait plusieurs ventes
successives, et que le vendeur ait lui-même un recours
en garantie contre un individu qui a aussi un garant. Le vendeur et tous les autres sous-garants auront
un délai de huitaine franche, à partir du jour où
l'assignation en garantie leur a été faite. (Article 177, P.) Il peut se faire que le dernier des ga-
rantis qui est dépossédé de l'immeuble ne l'ait pas
acheté, mais le tienne par succession; s'il est encore
dans les délais pour faire inventaire et délibérer sur
ladite succession, le délai de huitaine pour la mise en
cause de son garant ne commencera à courir que du
jour où les délais pour prendre parti seront expirés.

L'article 178 déclare que le demandeur en revendication ne peut, sous aucun prétexte, être obligé de subir d'autres délais que ceux dont nous venons de
parler.

Mais il est nécessaire, lorsqu'un garant est mis en
cause, que le revendiquant en soit informé. L'article 179 veut que le demandeur originaire soit prévenu
par acte d'avoué à avoué, dans le délai de l'assignation primitive, c'est-à-dire dans le délai pour compa-
raître à l'audience. Cette formalité n'est pas nécessaire
si l'assignation en garantie est donnée le même jour
que l'assignation du demandeur principal. En ce cas, les
trois parties comparaissent en même temps. C'est ce
que l'article 179 exprime en ces termes : « Si les dé-
» lais des assignations en garantie ne sont échus en

» même temps que celui de la demande originaire. »
Ce sera très-rare en pratique, car il faut supposer que
l'acheteur assigne son garant dès qu'il est assigné
lui-même en revendication.

La loi n'exige pas de l'acheteur une preuve
écrite de la mise en cause du garant pour que les
délais lui soient accordés. La déclaration par acte
d'avoué à avoué suffit pour les faire courir; mais on
comprend que l'acheteur doive être puni d'une déclaration frauduleuse et mensongère; aussi le législateur,
dans la seconde partie de l'article 179, déclare-t-il
qu'en ce cas, le procès sera jugé sur la demande originaire, et que l'acheteur pourra même être condamné
à des dommages-intérêts.

Il est possible que le revendiquant prétende qu'il ne
peut y avoir lieu de la part de l'acheteur à mettre en
cause son auteur. Cela serait si le défendeur voulait
appeler son donateur en garantie. L'incident sera jugé
sommairement (art. 180), les parties signifieront sur
requête leurs observations.

L'article 181 nous dit que le tribunal compétent
pour juger de la demande incidente de garantie sera
celui devant lequel le procès principal sera pendant.
Rien n'est plus naturel; le tribunal saisi des deux demandes pourra mieux que tout autre en apprécier la
portée.

La demande en garantie est alors dispensée des
préliminaires de conciliation devant le juge de paix.
(Art. 49, par.3.) Cette demande ne rentre pas dans les
termes de l'article 48, car elle n'est pas introductive

d'instance. Cette compétence du même tribunal a été
établie pour éviter qu'il pût y avoir sur le même point
des jugements contradictoires. C'est l'explication
de cette exception à l'article 59, d'après lequel toute
demande personnelle est portée devant le tribunal du
défendeur; or, il s'agit ici d'une action essentiellement
personnelle. Des intérêts supérieurs ont fait établir
cette dérogation. Elle ne s'étendrait pas cependant
au cas où le tribunal saisi de l'instance principale
serait incompétent *ratione materiæ;* cette instance est
pendante devant un tribunal de commerce par exemple,
et c'est devant un tribunal civil que doit être portée
l'action en garantie. La jurisprudence s'est plusieurs
fois prononcée en ce sens. (Cour de Poitiers, 19 février 1838; Cour de Rouen, 23 janvier 1340.)
Comme le dit fort bien M. Dalloz (*Compét. comm.*,
n° 336) : « Les juges de commerce ne peuvent con-
» naître des actions en garantie formées par les dé-
» fendeurs qu'autant que la garantie dérive d'un fait
» commercial par rapport au garant. » L'espèce jugée
par la Cour de Poitiers nous en fournit un exemple :
un paysan avait vendu une jument à un marchand de
chevaux qui l'avait revendue à un de ses confrères.
Action en garantie du second acheteur contre le premier, devant le tribunal de commerce de Bressuire.
Le premier acheteur actionna en garantie le vendeur
originaire qui déclina avec succès la compétence du
tribunal de commerce. La Cour de Poitiers déclare
dans un de ses considérants qu'il s'agit d'une incompétence à raison de la matière, incompétence qu'on ne

saurait couvrir. Le tribunal doit ordonner le renvoi même d'office.

D'après l'article 181, si la demande originaire n'a été faite que pour soustraire à leurs juges naturels ceux qui sont assignés en garantie, ils pourront obtenir le renvoi devant le tribunal de leur domicile. Cette preuve peut résulter soit d'actes écrits, soit des faits eux-mêmes. C'est avec raison que la Cour de Cassation (arrêt du 18 décembre 1856) a déclaré dans ce cas que le renvoi devait être demandé par la partie intéressée. Il s'agit, en effet, d'une incompétence *ratione personæ* que le tribunal ne peut déclarer d'office.

La mise en cause doit être faite devant les premiers juges. Agir différemment serait priver le garant des deux degrés de juridiction. La jurisprudence est formellement établie en ce sens. La Cour de Cassation admet cependant (arrêt du 7 novembre 1849) que la demande en garantie peut être introduite pour la première fois devant elle, entre les parties en cause, si cette demande a son origine dans un incident de procédure soulevé en appel. Et la Cour déclare que l'article 464 du Code de procédure civile n'est pas violé, parce que la demande nouvelle n'est qu'une défense à l'action principale.

Le vendeur est mis en cause. Quelle sera sa situation ? La loi française distingue suivant qu'il s'agit de garantie simple ou de garantie formelle. Dans l'un et l'autre cas, d'ailleurs, rien ne peut empêcher le vendeur de prendre fait et cause pour l'acheteur. Il en aurait le droit même s'il n'était pas mis en cause, et rien de plus naturel puisque c'est lui qui, en dernière analyse, est intéressé au résultat de l'instance. Il a donc intérêt à prendre en main la défense qu'il dirigera mieux que personne.

Qu'entend-on par garantie simple ou garantie formelle ? Les deux définitions résultent de l'article 182 (Pr.). La garantie formelle est celle qui s'exerce pour les matières réelles ou hypothécaires. C'est l'action en garantie intentée par une personne qui est défendeur à une action réelle. Les matières hypothécaires rentrent dans cette catégorie. Il était donc inutile d'en parler spécialement. Il y a garantie formelle lorsque l'acheteur d'un immeuble est poursuivi par un tiers qui le revendique. La loi ne définit pas la garantie simple, mais, comme l'article 183 du Code de procédure l'oppose à la garantie formelle, nous la définirons la garantie qui est exercée contre son garant par le défendeur originaire à une action personnelle. La caution d'une dette poursuivie directement par le créancier agira en garantie simple contre le débiteur pour se faire indemniser des conséquences de la condamnation à intervenir.

La différence est grande en pratique entre les deux garanties. Dans la garantie formelle, le défendeur originaire pourra requérir sa mise hors de cause sans que le demandeur puisse s'y opposer, par le motif que ce défendeur ne doit personnellement rien, n'est pas tenu par lui-même. Le garant pourra donc prendre fait et cause pour le défendeur originaire et le mettre en dehors de l'instance. L'article 182 nous l'apprend.

Dans le cas d'une action personnelle, le résultat est différent. Le défendeur originaire est personnellement tenu envers celui qui le poursuit. Il pourra bien requérir l'intervention de son garant pour que le même jugement statue sur les deux demandes, mais il ne peut se soustraire à la poursuite de son créancier personnel. La caution poursuivie par le créancier serait dans cette situation. L'article 183 nous dit que dans le cas de garantie simple, le garant pourra seulement intervenir au procès.

Dans aucun cas la loi n'oblige le vendeur à prendre fait et cause pour l'acheteur ; il peut se contenter d'intervenir pour s'entendre condamner s'il y a lieu. Lorsque le vendeur prend fait et cause, l'acheteur peut requérir sa mise hors de l'instance. (Art. 182.) L'acheteur aurait intérêt à rester au procès comme défendeur, s'il craint de ne pas être suffisamment défendu par le vendeur ; il serait alors obligé de participer aux frais de l'instance. Mais l'acheteur peut désirer être mis hors de cause ; il doit le demander en ce cas avant le premier jugement, car il ne devient pas étranger au procès par cela seul que le garant prend fait et cause pour lui. Il doit le demander, avons-nous dit, avant le premier jugement ; au cours de l'instance, un jugement ordonne-t-il, par exemple, une enquête, à partir de ce moment le garanti ne peut requérir sa mise hors de cause, et le procès se continue entre les trois adversaires.

S'il la demande à temps, le défendeur originaire pourra l'obtenir ; encore faut-il que le demandeur à l'action principale ne s'y oppose pas, et n'exige pas, pour la conservation de ses droits, que le garanti reste au procès. L'article 185, par. 3 (C. P.), décide en effet que si le garant condamné est insolvable, le garanti sera tenu des frais de l'instance, et des dommages-intérêts s'il y a lieu. L'intérêt du demandeur originaire apparaît facilement; mais le droit d'empêcher la mise hors de cause, où est-il? Cette éventualité de l'insolvabilité du garant ne suffit pas pour le constituer. Il faut donc, pour que le garanti ne puisse obtenir sa mise hors de cause, que le demandeur originaire ait à conserver contre lui un droit personnel, par exemple si le garanti est de mauvaise foi, et tenu à ce titre des dégradations commise sur l'objet vendu ou de la restitution des fruits perçus. Ce sont là des obligations personnelles du garanti à l'égard du revendiquant, et dont celui-ci ne pourrait obtenir l'exécution du garant s'il était de bonne foi. C'est un droit qui permettra au demandeur de s'opposer à la mise hors de cause.

Mais supposons que le garanti l'ait obtenue. L'article 182 lui permet cependant d'assister à l'instance, pour la conservation de ses droits. C'est par l'intermédiaire d'un avoué, que le garanti continuera à surveiller ses intérêts; s'il avait requis sa mise hors de cause pure et simple, il ne pourrait assister légalement au procès, et il serait sans défense si, par collusion ou ignorance, le garant succombait. Pour rentrer à l'instance, le garanti devrait introduire une requête d'intervention, conformément à l'article 339 du Code de procédure. Si le garanti, au contraire, assiste toujours au procès par le ministère d'un avoué, une simple déclaration aux parties en instance lui permettra d'y rentrer, si ses droits sont compromis.

Autre avantage : s'il est représenté par un avoué, le garanti mis hors de cause ne cesse pas d'être partie au procès, et le même jugement pourra, dès lors, si le revendiquant triomphe, statuer aussi sur la garantie, si au moment de la condamnation le garanti pose des conclusions en ce sens. S'il eût été mis hors de cause purement et simplement, bien que le revendiquant eût triomphé, le garanti, n'étant rien à l'instance, n'aurait pu obtenir l'indemnité qui lui est due. Un nouveau jugement eût été nécessaire.

Une seule sentence fait droit à la demande originaire et à la demande en garantie, si elles sont en état d'être jugées en même temps. L'article 184 le déclare. Ce résultat sera toujours obtenu lorsque le garant, ne contestant pas cette qualité, l'instance en garantie n'est compliquée d'aucun incident. Il est possible, au contraire, que le garant soutienne qu'il n'est pas tenu à ce titre; il est actionné comme vendeur, par exemple, et se prétend donateur, ou dit qu'une clause spéciale l'a dispensé de la garantie. Débat qu'il importe de vider. Cette contestation sera jugée devant le tribunal saisi de la demande originaire, ce qui sera, suivant les cas, une exception remarquable aux règles de la compétence. Lorsque cet incident se produit, il arrête l'instance en garantie, tandis que l'instance principale, dégagée de toute complication, peut suivre son cours. Le demandeur en revendication ne peut être obligé de subir les délais qui courront jusqu'au jugement de garantie; c'est ce que la loi décide dans la suite de l'article 184. La demande originaire sera préalablement jugée, et si les deux instances ont été jointes, le jugement sur l'instance principale les disjoindra; les juges déclareront qu'ils sursoient quant à la question de garantie. Bien que les deux instances soient dès lors séparées, le tribunal de la demande originaire ne perd point sa compétence sur l'action en garantie. Mieux que tout autre il est bien placé pour en juger. L'instance en garantie continuera donc seule, et on statuera, s'il y a lieu, sur les dommages-intérêts à accorder à l'acheteur.

L'article 185 suppose que le garant a pris fait et cause pour le garanti, et déclare que le jugement rendu contre le premier sera exécutoire contre le second. Si celui-ci avait requis sa mise hors de cause pure et simple, en serait-il de même ? Oui, car le garanti peut seul exécuter le jugement qui donne gain de cause au revendiquant, puisqu'il est nanti de l'objet à restituer. Pour que le jugement soit exécutoire contre lui, il suffira d'une signification, en ce qui concerne, du moins, la revendication proprement dite. Le garant n'a été, en somme, au procès, que le représentant et le mandant du garanti.

L'article 185 apporte, en ce qui concerne les dépens et dommages-intérêts, une restriction au principe qu'il vient de poser. Le garant seul, sur ce point, est tenu de la liquidation et de l'exécution. Le motif qui

9

a guidé le législateur apparaît clairement : le garant ayant pris fait et cause pour le garanti, celui-ci mis hors de cause, alors même qu'il assiste aux débats, est étranger au procès. Il ne peut donc être tenu des dépens d'une instance dans laquelle il n'est rien, et des dommages-intérêts qui procèdent du fait de son ga-rant.

Mais la loi ne reçoit son entière application que dans le cas où ce garant est solvable et peut payer au revendiquant qui triomphe les dépens et dommages-intérêts. Si le garant est insolvable, cette insolvabilité retombera sur le garanti, et il devra payer les dépens. Mais encore faut-il pour cela que le garanti n'ait pas été mis hors de cause : l'article 185 est formel.

En ce qui concerne les dommages-intérêts, le tribunal pourra déclarer que le garanti devra les payer en cas d'insolvabilité du garant. Il faut supposer, pour la réalisation de cette hypothèse, que le garanti de mauvaise foi est resté en cause sur la demande du revendiquant, et que celui-ci a conclu contre lui à la restitution des fruits et à des dommages-intérêts pour les dégradations commises sur la chose revendiquée.

Supposons en sens inverse que le garant triomphe et que la prétention du revendiquant soit reconnue mal fondée par les tribunaux. Le garant obtiendra une condamnation aux dépens contre le demandeur originaire ; et, s'il est insolvable, le garant ne pourra recourir contre le garanti. En vain dirait-on que la cause était celle du garanti : s'il est attaqué dans sa possession, c'est le vendeur qui doit le défendre et supporter les conséquences de ce trouble. C'est ce que la Cour de Cassation a consacré par arrêt du 3 janvier 1833. La Cour déclare avec raison que le vendeur reste tenu envers l'acheteur de tous les troubles, même de ceux qui sont injustement portés à sa possession, et met dans tous les cas à la charge du vendeur l'insolvabilité du revendiquant qui a perdu son procès. Il sera cependant bon d'apporter à ce principe un tempérament pratique; si la contestation soulevée par le revendiquant est sérieuse, mais qu'il succombe cependant, rien de plus équitable que de faire retomber son insolvabilité sur le garant; mais si la contestation n'a pas le moindre fondement, il sera plus juste de la considérer comme un cas fortuit postérieur à la vente et de la laisser, à ce titre, à la charge de l'acheteur.

Si le vendeur reconnaît que les prétentions du revendiquant sont justes, il peut refuser de prendre fait et cause pour le garanti et s'engager à le mettre à l'abri de toute perte en lui promettant, en cas d'éviction, la restitution du prix, les dommages-intérêts et les frais. C'est une déclaration faite par le vendeur de l'impossibilité où il se trouve de faire triompher l'acheteur. MM. Aubry et Rau (t. IV, p. 380) nous apprennent qu'en ce cas l'acheteur doit supporter tous les frais faits par lui après cette déclaration; il a tort, en effet, de soutenir un procès que le vendeur déclare perdu d'avance. Il devait se rendre aux prétentions du demandeur, d'autant plus que le vendeur s'était engagé à le garantir de toute perte.

CHAPITRE IV.

CONDAMNATION A PRONONCER SUR L'ACTION EN GARANTIE.

Nous avons vu la procédure de cette action ; examinons maintenant à quels résultats pratiques elle conduit, lorsque les prétentions du revendiquant étant justifiées, l'acheteur évincé obtient contre son garant le vendeur un jugement de condamnation.

Le Code civil prévoit d'abord, dans les articles 1630 à 1635, le cas où l'acheteur est évincé de la totalité de l'objet qu'il a acheté. Il a été mis en possession, il a payé son prix, et se trouve plus tard privé de cette possession. Le recours en garantie est ouvert

Qu'obtiendra l'acheteur du vendeur ?

L'article 1630 suppose que la garantie a été promise purement et simplement, ou qu'aucune convention spéciale n'est intervenue sur ce point au contrat. L'obligation du vendeur se décompose en deux parties : il est d'abord débiteur du prix, et de plus il doit, suivant les circonstances, des dommages-intérêts à l'acheteur.

Celui-ci a toujours droit à la restitution du prix, alors même qu'il éprouve un dommage inférieur à ce prix. Cette apparente injustice se comprend bien vite.

Il ne s'agit pas d'établir une proportion entre la chose évincée et le prix; la vente précédemment conclue cesse d'exister, et le prix n'a plus, dès lors, sa raison d'être. Il doit être restitué, parce qu'il est sans cause entre les mains du vendeur. Cette décision n'est pas contraire à la règle « res perit domino; » la propriété n'était qu'apparente chez l'acheteur. Ce n'est qu'à l'égard de l'acheteur lui-même qu'il en est autrement; il s'est cru de bonne foi propriétaire, et s'il a dégradé l'objet, le vendeur ne peut se plaindre de la perte qui en peut résulter pour lui, car il est le seul auteur de cet état de choses.

Il faut considérer comme faisant partie du prix les menues prestations que, dans certains pays, l'acheteur a coutume de payer au vendeur, telles que pots de vin ou épingles. Ces menues prestations devraient être restituées à l'acheteur avec le prix principal.

Mais de ce que l'acheteur ne doit rien perdre, il ne résulte pas qu'il doive toucher plus que le prix qu'il a payé; aussi devra-t-il tenir compte, pour le demander en moins au vendeur, de toutes les sommes à lui déjà restituées sur le prix. Cela se produirait si, conformément aux articles 1616 et 1617, il avait reçu une somme proportionnelle à la contenance en moins du fonds vendu sur l'étendue portée au contrat. L'acheteur devrait encore déduire les bénéfices qu'il a pu retirer des dégradations commises sur l'immeuble. Si ces dégradations n'ont procuré à l'acheteur ni avantage ni bénéfice, la déduction ne sera pas possible, quelle que soit la dépréciation produite sur l'objet.

C'est en maître, en effet, qu'a agi l'acheteur; il ne peut être tenu de ce chef.

Cette restitution du prix ne constitue pas des dommages-intérêts, comme le pensaient certains auteurs anciens. Elle en est tout à fait indépendante, et ce qui établit entre les deux choses une différence capitale, c'est que la restitution du prix est fixe, tandis que les dommages-intérêts sont essentiellement variables.

L'éviction est totale; permet-elle par conséquent à l'acheteur de répéter la totalité du prix, lorsque la chose vendue consiste dans une série de prestations, et que l'éviction se réalise seulement quelque temps après la vente, alors qu'un certain nombre de ces prestations a été fourni à l'acheteur? C'est le cas d'un usufruit, ou d'une rente viagère. L'acheteur ne pourra réclamer tout le prix, car sa jouissance a absorbé une certaine partie du droit dont il a profité. Il devra donc tenir compte de la valeur proportionnelle de cette jouissance. Certainement les prestations ne sont, au point de vue juridique, que les fruits du droit incorporel; mais en pratique c'est l'acheteur qui a profité de ces fruits, toujours beaucoup plus élevés que les revenus ordinaires, et il serait injuste de lui permettre malgré cela de poursuivre son vendeur en restitution totale du prix. Cette opinion est d'ailleurs aujourd'hui unanimement adoptée par les auteurs.

Dumoulin et Pothier étendaient cette solution aux ventes d'animaux. D'après eux l'acheteur d'un cheval, évincé dix ans après l'achat, ne pourra réclamer son prix, que déduction faite de la valeur des services que l'animal lui a rendus. Ces auteurs ont considéré que, la vie d'un cheval étant essentiellement limitée, il serait injuste qu'on donnât à cet animal, au bout d'un certain temps, la même valeur qu'au moment de la vente. Les auteurs modernes sont divisés sur ce point. Marcadé et M. Duvergier se rendent à l'opinion de Dumoulin et de Pothier. D'après eux, au bout d'un certain temps l'animal n'est plus qu'une partie de lui-même. « On » n'achète pas un cheval pour avoir toujours ce cheval, » comme on achète une ferme pour avoir toujours cette » ferme, » dit Marcadé. (Art. 1630, n° 5.) Nous ne sommes pas de cet avis, et voilà pourquoi : nous déciderons, avec MM. Troplong et Aubry et Rau, que l'acheteur d'un animal, évincé au bout de dix ans, par exemple, peut se faire restituer la totalité du prix qu'il a payé. On achète un animal comme un tout indivisible, sur lequel on acquiert immédiatement et en vertu de la vente une propriété absolue.

La diminution de valeur de la chose ne dispense pas le vendeur de la restitution de la totalité du prix (article 1631). Mais qu'arriverait-il dans le cas de perte partielle de l'objet vendu? J'achète, par exemple, un pré de 100 arpents, qui est situé au bord d'une rivière, et les flots emportent 20 arpents. Un tiers m'évince de ce qui reste; le vendeur actionné en garantie devra-t-il me restituer la totalité du prix, ou bien ce prix diminué proportionnellement à la valeur enlevée par la rivière ? Nous croyons que le vendeur sera tenu de la restitution totale du prix. C'était l'avis de Dumoulin. La perte partielle n'empêche pas la résolution du contrat, et le vendeur n'a jamais cessé d'être propriétaire; c'est lui qui doit supporter la perte de la chose. Comme le fait remarquer Marcadé, l'article 1631 ne distingue pas entre les différentes causes qui diminuent la valeur de l'objet vendu, et décide que, dans tous les cas, le vendeur est tenu de la restitution du prix. L'esprit de cet article veut que l'on traite avec autant d'avantage l'acheteur victime d'un cas fortuit, que celui dont la négligence a détérioré la chose. Le prix demeure sans cause pour le vendeur, et ce n'est pas lui qui doit profiter d'un contrat qu'il n'avait pas le droit de faire.

En cas d'éviction totale, quelle décision donnerons-nous, si le fonds a gagné d'un côté ce qu'il a perdu de l'autre ? Le fleuve a enlevé 20 arpents à la prairie, et les lui a rendus par alluvion. L'acheteur pourra-t-il à la fois exiger la totalité du prix et des dommages-intérêts pour l'augmentation produite sur le fonds, ou bien n'est-il pas plus équitable de compenser les variations de contenance, et de considérer le fonds comme absolument tel qu'au jour de la vente ? Le vendeur ne serait en ce cas tenu que de la restitution du prix. L'équité et les principes nous dictent cette seconde solution ; la chose vendue n'a aucune valeur supérieure à celle qu'elle avait au moment de la vente, et l'article 1633 ne peut donc s'appliquer, puisqu'il suppose une augmentation de valeur pour permettre à l'acheteur d'obtenir des dommages-intérêts.

Une question fort importante en pratique se présente ici : supposons qu'il y ait eu plusieurs ventes

successives pour des prix plus ou moins élevés. Le
dernier acheteur évincé peut-il recourir « omisso me-
» dio » contre celui des vendeurs qui a reçu le prix le
plus élevé, en vertu de la cession tacite d'actions qui
s'est produite de chaque vendeur à son acheteur, et
obtiendra-t-il ainsi une somme plus élevée que celle
qu'il a payée ? La Cour de Bourges, dans un arrêt du
5 avril 1821, a décidé que le dernier acquéreur ne
peut réclamer au vendeur originaire ou à tout autre,
que le prix qu'il a payé à son vendeur immédiat. L'é-
viction, d'après cette Cour, ne peut lui procurer un
bénéfice auquel il est étranger.

Pothier (*Vente,* nº 149) soutient l'opinion contraire,
et permet au dernier acquéreur de recourir par l'action en garantie directement contre celui qui a reçu le
prix le plus élevé, à l'effet d'obtenir plus qu'il n'a payé
lui-même. Nous pensons que cette opinion doit être
repoussée et que la solution donnée par la Cour de
Bourges est la seule qui soit juridique. La cession
d'actions existe ; c'est un accessoire de l'obligation
même que le vendeur contracte envers son acheteur.
Mais bien entendu, et c'est là le point mis en lumière
par la Cour de Bourges, l'acheteur ne peut exercer les
actions de son vendeur que dans la mesure où celui-ci
est tenu.

L'acheteur pourrait répéter le prix même entre les
mains des créanciers de son vendeur ; il a payé ce
qu'il ne devait pas, et l'article 1377 vient encore à son
secours.

Le vendeur garant est encore tenu à des dommages-intérêts. Leur quotité est essentiellement variable et se modifie suivant les circonstances.

Ils comprennent d'abord la restitution des fruits, quand l'acheteur est contraint de les rendre au revendiquant. Cela se produit si l'acheteur, de bonne foi au moment de la vente, cesse de l'être plus tard. En ce cas, il doit restituer les fruits au véritable propriétaire à partir du jour où il a connu le vice de sa possession. Les tribunaux apprécient en fait à quelle époque la bonne foi a cessé d'exister chez l'acheteur.

Celui-ci peut encore réclamer (art. 1630, n° 3) les frais faits sur la demande en garantie qu'il a intentée contre son vendeur, et les frais faits par le demandeur originaire. Le garant n'est cependant tenu de ces frais qu'à partir du moment où il a été appelé en garantie. L'acheteur qui a négligé de le mettre en cause doit supporter tous les autres. Nous en excepterons cependant avec Pothier (*Vente*, n° 129), et un arrêt de la Cour de Nîmes du 12 mars 1833, un acte dont le paiement doit toujours retomber sur le garant; c'est l'exploit introductif de l'instance en garantie. Quelle que soit la diligence de l'acheteur à mettre le vendeur en cause, cet exploit est, de sa nature, toujours antérieur à cette mise en cause. Si le garanti reste au procès, il ne lui sera remboursé que les frais utilement faits. Quant à ceux que l'acheteur ferait après la déclaration du vendeur qu'il n'y a pas moyen de repousser les prétentions du revendiquant, il les supporterait seul. Nous pensons (voir en ce sens M. Duvergier, t. XVI, n° 365) que l'acheteur pourrait réclamer au vendeur

les frais faits antérieurement à l'appel en garantie,
s'ils ont été utiles à la défense du garant et qu'il eût
été obligé lui-même de les faire.

Le vendeur doit encore restituer les frais et loyaux
coûts du contrat (art. 1630, n° 4) payés par l'acheteur
conformément à l'article 1593. Cela comprend les ho-
noraires des notaires, les droits d'enregistrement, le
papier timbré. Tous ces frais, en effet, ont été faits
dans l'intérêt de l'acheteur, puisque c'est à lui qu'il
importe d'avoir entre les mains un titre qui constate
l'origine de sa propriété. Il les avait payés à ce titre.
Cette restitution comprend encore les frais de transcription, de purge, d'enlèvement de l'objet. Si l'acheteur avait payé des prix inutiles et qu'il pouvait prévoir être tels, il n'en pourrait réclamer la restitution.
(Duvergier, t. I, p. 206.) Ainsi jugé par arrêt de la
Cour de Cassation en date du 20 juin 1827. L'acheteur, dans l'espèce, était instruit de la nullité de la
vente qui portait sur des immeubles dont le vendeur
n'avait pas la propriété; il fit cependant enregistrer
cette vente, et plus tard, lorsqu'elle fut annulée, on
refusa à l'acheteur la répétition des sommes payées
pour frais d'enregistrement : ces frais étaient complétement inutiles.

Les frais et loyaux coûts du contrat ne sont pas,
d'après la Jurisprudence, des accessoires du prix; ils
rentrent dans la catégorie des dommages-intérêts, et
ne sont donc restitués à l'acheteur évincé que lorsque
le vendeur est garant.

L'article 1630 (n° 4) permet encore à l'acheteur

d'obtenir du vendeur des dommages-intérêts. Ce sont eux qui constituent le véritable caractère de l'obligation de garantie, car le prix doit être restitué en dehors de cette obligation. Ces dommages-intérêts sont de la nature même de la garantie, et une stipulation formelle est nécessaire pour les écarter. C'est à tort que la Cour de Colmar (arrêt du 18 août 1821) avait prétendu que la restitution du prix était une partie des dommages-intérêts. Nos anciens auteurs les avaient parfaitement distingués, et les rédacteurs du Code n'ont fait que les imiter.

Pour que l'acheteur ait droit à des dommages-intérêts, il faut que toutes les autres prestations de l'article 1630 n'aient pas suffi pour l'indemniser de la perte que lui cause l'éviction; et ces dommages-intérêts comprennent, avec l'article 1633, l'augmentation de valeur de la chose survenue entre la vente et l'éviction, et avec les articles 1634 et 1635 les dépenses faites par l'acheteur sur la chose dont il est évincé.

En ce qui concerne la plus-value, l'article 1632 ne distingue pas entre le cas où le vendeur est de mauvaise ou de bonne foi. Une difficulté s'est élevée cependant sur le point de savoir si le vendeur, même de bonne foi, serait tenu d'indemniser l'acheteur d'une plus-value énorme, provenant de circonstances imprévues et impossibles à prévoir. On comprend qu'on punisse le vendeur de mauvaise foi, mais n'est-il pas bien dur de le décider ainsi pour celui qui a agi loyalement? Dumoulin et Pothier, frappés de cette considération, enseignaient que le vendeur était seulement tenu de la plus-value que les parties avaient pu raisonnablement prévoir au moment de la vente. MM. Duvergier et Marcadé se rangent à cette opinion, et s'appuient sur l'article 1150, qui ne met à la charge du débiteur que les dommages-intérêts qui ont été prévus ou qui ont pu l'être au moment du contrat. On ne pourrait mettre dans cette catégorie la plus-value qui résulte de l'établissement d'un chemin de fer ou de l'extension d'une ville. Ce système, bien que difficile peut-être à appliquer en pratique, est à coup sûr très-équitable, plus équitable, nous l'avouons, que celui qui nous paraît avoir été adopté par les rédacteurs du Code. Malheureusement rien ne nous permet d'accepter la solution des deux auteurs que nous venons de citer, et nous pensons, avec Toullier, M. Troplong et MM. Aubry et Rau, que le vendeur de bonne foi serait tenu de la plus-value même la plus extraordinaire. Où trouver la raison de distinguer? L'article 1633 est formel et général, et ce serait refaire la loi que l'interpréter autrement. Le législateur, dans les deux articles suivants, nous montre qu'il sait, lorsqu'il le veut, traiter d'une manière différente la bonne et la mauvaise foi du vendeur. Enfin interpréter l'article 1633 par l'article 1150 serait violer l'article 1639, qui ne renvoie au titre des Obligations en ce qui concerne la vente, que lorsque notre titre est muet sur la question. L'opinion que nous adoptons a été confirmée par la Cour de Paris le 16 décembre 1863.

Quant aux plus-values postérieures à l'éviction, le vendeur ne peut en être responsable. L'acheteur n'en

a jamais profité; il n'a donc aucun titre pour deman-
der une indemnité de ce chef. Ainsi jugé par arrêt de
Rejet de la Chambre des Requêtes, le 19 mai 1863.
(Sirey, 64, 1, 73.)

Les articles 1634 et 1635 règlent la restitution qui
doit être faite à l'acheteur des dépenses opérées par
lui sur la chose vendue. Il faut distinguer les dépenses
nécessaires, utiles ou voluptuaires. Les dépenses nécessaires devront toujours être remboursées à l'acheteur évincé, car il ne pouvait se dispenser de les faire.
Si le revendiquant indemnise l'acheteur, celui-ci ne
pourra rien réclamer au vendeur; s'il n'est indemnisé
que pour partie, l'acheteur réclamera le solde à son
auteur. Peu importe que les dépenses nécessaires
aient ou n'aient pas produit une amélioration sur le
fonds.

Quant aux dépenses utiles, l'acheteur doit en être
indemnisé jusqu'à concurrence de l'amélioration qu'elles produisent, car c'est de cette plus-value qu'il est
privé par l'éviction.

Quant aux dépenses voluptuaires, il faut distinguer
suivant que le vendeur est de bonne ou de mauvaise
foi. (Art. 1635.) Est-il de mauvaise foi, l'acheteur
pourra réclamer toutes les dépenses, même voluptuaires ou d'agrément. Si l'acheteur lui-même est de
mauvaise foi, il ne pourra obtenir ce paiement, car
l'article 1599 lui refuse en ce cas tous dommages-
intérêts. Si le vendeur est de bonne foi, l'acheteur ne
pourra obtenir le remboursement des dépenses voluptuaires.

L'acheteur ne pourra réclamer les dépenses d'entretien qui sont une charge des fruits, que dans le cas où il serait lui-même tenu de rendre ces fruits au véritable propriétaire. (Voir en ce sens M. Troplong, t. I, n° 508, note 1.)

L'augmentation de valeur de la chose dont l'acquéreur est évincé a fait naître une question sur laquelle la Cour de Cassation a été appelée à statuer le 12 décembre 1826. Il faut supposer plusieurs ventes successives, et la dernière contractée pour un prix supérieur au prix de chacune des autres ventes. Le dernier acheteur évincé pourra recourir contre son vendeur immédiat qui l'indemnisera; celui-ci aura un recours contre son propre vendeur, et ainsi de suite en remontant. Le vendeur originaire sera tenu d'indemniser son acheteur jusqu'à concurrence du prix payé par le dernier acquéreur. Comme le dit la Cour de Cassation : « c'est sur le premier vendeur que retombent les con-» séquences de l'éviction » et « qu'il importe peu que » le prix de la première vente soit inférieur au prix » de la seconde. »

L'éviction que subit l'acheteur peut n'être que partielle. C'est l'hypothèse prévue par les articles 1636 et 1637, en ce qui concerne l'éviction proprement dite. L'article 1638 prévoit l'exercice de droits réels qui n'ont pas été déclarés à l'acheteur au moment de la vente; c'est encore une éviction partielle.

Si la partie dont l'acheteur est évincé est tellement importante qu'il n'eût pas acheté sans elle, il peut faire résilier la vente. Dans le cas contraire, on estime la chose au moment de l'éviction, et on rembourse la partie enlevée à l'acheteur, proportionnellement à cette estimation. La question de résiliation sera jugée par les tribunaux, lorsque les parties ne seront pas d'accord sur ce point.

Cette décision de l'article 1637 paraît être en contradiction avec les principes que nous avons vus plus haut pour l'éviction totale ; on ne se préoccupe pas alors de la valeur plus ou moins élevée de la chose, au moment de l'éviction. Ne devrait-on pas donner la même décision au cas d'éviction partielle, et estimer la partie enlevée proportionnellement à la valeur de la chose au moment de la vente ? Notre ancienne jurisprudence décidait de la même manière, que l'éviction fût totale ou partielle. Pothier (nᵒˢ 142 et 144) enseigne que, pour une éviction d'une part indivise et aliquote, un quart par exemple, l'acheteur pourra réclamer un quart du prix qu'il a payé. Ce n'était que dans le cas où il y avait éviction d'une part intégrante, par exemple d'une vigne ou d'un champ, qu'il y avait lieu d'estimer, et encore, pour cette estimation, se plaçait-on à l'époque de la vente. C'est, en un mot, la même solution. Comment expliquer cette dissidence de l'article 1637 avec les précédents, et avec les règles établies pour l'éviction totale ? Les auteurs ont cherché à légitimer cette anomalie. MM. Delvincourt (t. III, p. 149) et Duranton (t. XVI, nᵒ 300) pensent que l'article 1637 ne s'applique pas aux cas où il s'agit de l'éviction d'une part indivise, un quart par exemple. Ce ne serait que lorsque l'éviction porte sur une part divise, que l'article 1637 recevrait toute son application. M. Troplong ne trouve pas moyen d'expliquer la théorie nouvelle introduite sur ce point. Quoi qu'il en soit, et au point de vue pratique, sans nous préoccuper du motif qui a pu dicter au législateur l'article 1637, la généralité de ses termes nous oblige à l'appliquer dans tous les cas d'éviction partielle.

MM. Duvergier et Marcadé ont d'ailleurs donné de cet article une explication très-plausible. Dans le cas d'éviction totale, en effet, le prix est rendu parce que la vente cesse d'exister: le contrat est résolu, et les choses doivent être remises dans l'état où elles étaient avant. Dans l'éviction partielle, le contrat n'est pas résolu, il continue d'exister, mais il ne recoit pas toute l'exécution que les parties ont entendu lui donner; l'acheteur, en ce cas, doit être indemnisé du préjudice qui lui est occasionné; ce n'est plus qu'une question de dommages-intérêts. En se plaçant au moment de l'éviction pour estimer le préjudice de l'acheteur, on lui restitue en réalité tout ce qu'il perd. L'exception de l'article 1637 n'est-elle pas légitimée par cette observation ? Certainement le contrat est résolu en partie, et le prix paraît avoir été payé sans cause ; mais rien n'empêchait le législateur de déroger, sur ce point, aux règles établies pour l'éviction totale. Il a considéré cette éviction pour partie, comme un dommage, et non comme une résolution relative du contrat.

Dans l'ancien droit, d'ailleurs, le système de Dumoulin et de Pothier rendait très-difficile la solution des questions soulevées par la loi 64, *de Evictionibus.*

10

au Digeste, et que nous avons vues dans la partie romaine de cette thèse. Quand le fonds était successivement augmenté et diminué, ou diminué et remis dans son état primitif, l'éviction partielle de l'acheteur rendait très-compliquée l'estimation de l'indemnité à laquelle il avait droit. Avec l'article 1637, tout est plus simple, car on estime la valeur actuelle de la partie qui est réellement enlevée au propriétaire évincé. (Duvergier, t. I, p. 375.)

L'article 1637 est-il applicable au cas où un acheteur sur expropriation forcée éprouve une éviction partielle de la chose dont il s'est rendu adjudicataire ? La Cour de Toulouse, par arrêt du 24 janvier 1826, a permis en ce cas à l'adjudicataire d'exercer une action en garantie contre le créancier saisissant, en se plaçant pour être indemnisé au moment de l'éviction. M. Troplong (t. II, n° 522) conteste cette solution, et prétend que, dans le cas qui nous occupe, c'est au moment de la vente qu'il faut se placer. Nous croyons cependant (voir en ce sens M. Duvergier) que le droit commun s'applique aux ventes sur expropriation forcée, et comme l'article 1637 ne distingue pas, nous devons l'appliquer dans cette hypothèse.

Supposons que le contrat de vente contient une clause de non-garantie. Son effet est de supprimer les dommages-intérêts si l'acheteur est évincé. Or, si l'éviction est partielle, il ne peut être question que de dommages-intérêts, puisqu'il n'y a pas lieu à la restitution du prix ; la clause de non-garantie dispensera en ce cas le vendeur de payer quoi que ce soit à l'acheteur. Ce résultat n'est pas inique ; il se justifie par cette considération que l'acheteur est libre de ne pas souscrire à la clause de non-garantie ; de plus, si l'éviction est importante, on retombe sous le coup de l'article 1636, et le contrat est résilié.

Lorsqu'on souffre de la part d'un tiers l'exercice d'un droit réel, on éprouve une véritable éviction partielle. On conserve, il est vrai, tout entier l'objet matériel ; mais le droit de propriété est diminué, et l'acheteur n'obtient pas tout l'avantage qu'il s'était proposé au moment de la vente. On peut donc, avec l'article 1626, assimiler l'éviction partielle et l'exercice du droit réel d'un tiers.

Les résultats produits par cette éviction spéciale sont réglés par l'article 1638. Il y a à distinguer plusieurs cas.

Le vendeur doit toujours déclarer les charges qui pèsent sur l'héritage vendu ; il est censé les connaître et les connaît d'ailleurs presque toujours. Sa responsabilité ne serait pas diminuée s'il les avait ignorées, car l'acquéreur n'en serait pas moins privé d'une partie de l'avantage qu'il s'était proposé, ce qui suffit pour faire naître le recours.

Mais pour que l'acheteur puisse se plaindre des charges réelles, il faut qu'il ait été induit en erreur. Si donc elles lui ont été déclarées, si elles sont apparentes ou si elles dérivent des usages ou statuts locaux, l'acheteur ne pourra agir en garantie ; il devra supporter le dommage. Nous déciderons de même si l'acheteur a connu par lui-même les charges de l'immeuble.

Les parties peuvent modifier comme bon leur semble le principe de l'article 1638. Le vendeur a le
loisir de s'engager à indemniser l'acheteur des servitudes apparentes, et celui-ci, à son tour, peut prendre
à sa charge les servitudes occultes. Les stipulations
formelles sont les meilleures sur ce point, mais il arrive souvent que les contrats contiennent des clauses
dont la portée est difficile à déterminer.

Quel sera l'effet de la clause portant que le fonds
est franc et libre toutes charges et servitudes ? C'est la
clause romaine, *uti maximus optimusque est.* On
pense généralement que cette clause étend l'obligation
de garantie au-delà des limites de l'article 1638 et
s'applique même aux servitudes apparentes. Peut-être
est-ce donner aux termes de cette stipulation extensive
une portée qui dépasse les intentions du vendeur ?

Une clause fréquente est celle qui consiste à dire
que la chose est vendue telle qu'elle se poursuit et se
comporte. Le vendeur sera-t-il tenu de l'exercice par
un tiers de servitudes occultes non déclarées au moment
de la vente ? Si le vendeur était en ce cas de mauvaise
foi, son dol ferait obstacle à ce que sa responsabilité
fût diminuée; s'il était de bonne foi, M. Troplong
pense que cette clause ne pourra nuire au recours dont
il est menacé. Nous adoptons cette opinion, car la
clause dont il s'agit, absolument banale, est devenue de
style, et l'on doit supposer que l'acheteur n'a pas voulu,
ne l'acceptant, se placer dans une situation qui pourrait devenir désavantageuse pour lui.

On ajoute quelquefois à cette stipulation restrictive

ces mots : « et que l'acheteur a dit bien connaître. » Le vendeur de mauvaise foi n'en sera pas moins encore tenu. Si le vendeur était de bonne foi, la Cour de Cassation a décidé, le 26 février 1829 (Dalloz, 29, 1, 161), que cette clause suffisait pour que l'acheteur supportât sans recours les charges même occultes de l'immeuble. Loyseau donnait la même solution en faveur du vendeur de bonne foi. (Loyseau, *Garantie des rentes*, ch. II, n° 16.) Il est possible que, suivant les circonstances, les juges aient raison de le décider ainsi, mais en général il ne faudra pas admettre que l'intention des partie sait été de diminuer par cette clause l'étendue de la responsabilité du vendeur. L'acheteur ne peut sérieusement déclarer bien connaître ce qui est occulte. Dans la plupart des cas encore, cette stipulation est de style, et doit être restreinte aux servitudes apparentes.

Nous ne considérons pas comme suffisants pour restreindre la garantie des charges occultes ces mots : « avec ses servitudes actives ou passives,» ou « chargé » de ses charges, » ou bien « avec les mêmes droits » et charges que le vendeur le possédait. » Ces différentes stipulations pourront en fait diminuer le recours contre le vendeur, mais il faudra que la volonté des parties apparaisse clairement. La cour de Besançon, dans un arrêt du 17 janvier 1829, a fait ressortir cette nécessité, et si elle a déclaré que dans l'espèce le vendeur n'était pas tenu des charges occultes, c'est qu'elles dérivaient d'un statut local que l'acheteur était censé connaître et connaissait en fait. Mais la clause qui nous occupe n'aurait pas suffi, d'après la Cour, pour soustraire le vendeur à la responsabilité de droit commun. (Sirey, 32, 1, 690.)

Il y a enfin la stipulation de non-garantie des « ser- » vitudes apparentes ou occultes s'il en existe. » D'après la Cour de Cassation (6 mars 1817 ; Sirey, 17, 1, 265), cette clause mettrait le vendeur à l'abri du recours de l'article 1638. La volonté des parties apparaît, en effet, clairement, et, comme la bonne foi règne chez le vendeur et chez l'acheteur, la clause doit recevoir son entière exécution.

Nous résumerons notre opinion sur ce point, en disant que, dans toutes les clauses insérées dans les ventes, relativement aux charges, l'intention des parties doit être bien manifeste. Ce sera presque toujours une question de fait que les Tribunaux auront à juger. Pour cela faut-il que le vendeur soit de bonne foi ; s'il a commis un dol il sera soumis à la responsabilité du droit commun, en dépit de toute stipulation contraire.

Il peut arriver, en sens inverse, qu'une chose ait été vendue avec des servitudes actives sur une autre chose. Si l'acquéreur est privé de l'exercice de ces servitudes, il éprouve une éviction partielle dont il a droit d'être indemnisé. S'il n'a pas été informé de l'existence de ces servitudes, et qu'il les ait laissé périr par ignorance, aura-t-il un recours contre le vendeur ? Nous le pensons ; en vain celui-ci objecterait-il que l'acheteur, n'ayant pas connu ces servitudes, ne peut prétendre avoir voulu les acheter. Nous répondrons que l'acheteur a eu l'intention d'acheter la chose avec tous ses accessoires connus ou inconnus; et, s'il est évincé d'une partie, il doit en recevoir l'équivalent.

L'éviction partielle de l'article 1638 se réalise. Les charges occultes sont-elles d'une si grande importance qu'il y ait à présumer que l'acheteur n'eût pas contracté s'il les avait connues, il peut, à son choix, demander la résiliation du contrat ou une indemnité. Si les parties ne sont pas d'accord, les Tribunaux statueront en fait.

Si la servitude n'a pas l'importance nécessaire pour la résiliation, l'acheteur devra se contenter d'une indemnité. Comment la calculera-t-on ? Faut-il la déterminer d'après l'article 1637, ou d'une autre manière? Pour être logique avec nous-même, puisque nous avons assimilé à une éviction partielle l'exercice de servitudes occultes, nous admettrons que l'article 1637 s'applique en ce cas. (Voir en ce sens, M. Duvergier, t. I, 381; MM. Aubry et Rau, par. 355, n° 3, p. 385.) La Cour de Bordeaux l'a décidé en ce sens, par arrêt du 11 août 1857 (Sirey, 57, 2, 668). « Attendu, dit cette » Cour, que l'exercice d'une servitude sur un fonds » vendu comme libre constitue, en réalité, une éviction » partielle. » Le doute n'est pas possible; on doit appliquer l'article 1638, et décider que l'indemnité de l'acheteur sera établie d'après la valeur au moment de l'éviction. On fait une ventilation absolument comme pour l'éviction partielle. D'ailleurs cette manière d'interpréter l'article 1638 est aussi juste que possible. Comme le fait remarquer l'arrêt de Bordeaux, en calculant l'indemnité au moment de l'éviction, elle sera la réparation exacte du dommage éprouvé par l'acheteur. Enfin l'article 1638 est placé sous la rubrique de la garantie en cas d'éviction, et, comme il est impossible d'appliquer dans l'hypothèse qu'il prévoit les règles de l'éviction totale, il faut absolument le compléter par l'article 1637. M. Troplong est d'un autre avis : il applique les règles de l'éviction totale, et donne une action *quanti minoris* à l'acheteur, proportionnellement au prix payé, contre le vendeur de bonne foi. Si le vendeur est de mauvaise foi, l'acheteur pourrait, en outre, obtenir des dommages-intérêts. C'était le système de nos anciens auteurs, qui appliquaient à l'exercice d'une servitude les règles de la garantie en matière de vices rédhibitoires. Nous avons dit pour quels motifs nous pensons que cette doctrine ne peut être admise sous l'empire du Code.

La nouvelle loi du 23 mars 1855 sur la transcription, y soumet tout acte constitutif de servitudes réelles. Peut-il donc encore exister des servitudes occultes, et l'acheteur n'est-il pas toujours présumé les connaître, puisqu'il peut s'assurer de leur existence en vérifiant le registre du conservateur des hypothèques. MM. Aubry et Rau (t. IV, par. 355, note 55) ne le pensent pas, et nous croyons que c'est avec raison. L'acheteur pouvait connaître la servitude, c'est vrai ; mais l'a-t-il connue, voilà le fait. S'il ne l'a pas connue, le vendeur ne peut lui opposer sa négligence, car il était, lui, obligé à un devoir bien plus strict : prévenir l'acheteur de l'existence de cette servitude. Celui qui prétend exercer la servitude peut seul se prévaloir de la négligence de l'acheteur. Comme le font remarquer les auteurs que nous venons de citer, le système contraire conduirait à ceci, que le vendeur cesserait même d'être tenu de la garantie à raison d'hypothèques sur l'immeuble vendu par cela seul qu'elles auraient été inscrites. Cette doctrine est enseignée cependant par MM. Mourlon et Flandin, dans leurs traités sur la transcription.

Nous venons de voir comment l'acheteur évincé ou troublé se fait indemniser par son vendeur. — Supposons un instant que l'acheteur soit attaqué par le vendeur lui-même. Il pourra le repousser par une exception qui a été admise de tout temps, et qui se résume dans ces mots si connus : « Quem de evictione tenet » actio, eumdem agentem repellit exceptio. » Cette exception sera donc opposée à tous ceux qui doivent la garantie par tous ceux auxquels elle est due. Si le vendeur devient héritier du véritable propriétaire et se présente pour revendiquer contre l'acheteur, il sera repoussé par cette exception.

CHAPITRE V.

DE LA GARANTIE DES DÉFAUTS DE LA CHOSE VENDUE.

Il ne suffit pas que le vendeur maintienne l'acheteur
en possession de l'objet; il faut encore que cette possession procure à l'acheteur l'avantage qu'il s'est proposé;
il faut que la chose puisse remplir l'usage auquel on la
destine. Si donc elle a des défauts cachés, le vendeur
sera tenu de les garantir. Les vices rédhibitoires, sans
rendre la chose absolument impropre à l'usage auquel
elle est destinée, peuvent le diminuer dans de telles
proportions que l'acheteur n'eût pas contracté s'il les
avait connus ou eût payé un prix inférieur. La garantie est encore due sur ce point, et aussi bien dans les
ventes d'immeubles que dans les ventes de meubles.
Il faut convenir que c'est dans ces dernières ventes
surtout que la garantie des vices rédhibitoires est fréquente. Comme vices rédhibitoires d'un immeuble, les
Romains considéraient le cas où la prairie vendue ne
produisait que des herbes vénéneuses, le cas où le
fonds est situé de telle manière que l'air y est toujours
pestilentiel. Malgré la rareté des vices rédhibitoires
d'un immeuble, les règles du Code sur ce point ne
sont pas d'une inutilité absolue. La pourriture de tou-

tes les poutres d'une maison constitue, par exemple, un de ces vices; cette circonstance est absolument cachée, et, de plus, rend la chose impropre à l'usage auquel on la destinait. (Arrêt de la Cour de Lyon du 5 août 1824; Dalloz, 25, 2, 17; Sirey, 24, 2, 365.)

Il ne faut pas confondre avec les vices cachés l'absence de certaines qualités; dans cette seconde hypothèse, la vente ne serait résolue que si elle avait été conclue en vue même de ces qualités qui manquent. Il faut, pour constituer les vices rédhibitoires, des vices s'appliquant à la substance de la chose et tels que la chose n'est plus elle-même. L'article 1642 nous apprend que les vices rédhibitoires ne sont jamais apparents; ceux dont l'acheteur a pu se convaincre ne donnent jamais lieu à garantie.

Le Code n'a pas énuméré les vices rédhibitoires; leur détermination est une question de fait. Les principes qui serviront à la résoudre sont écrits dans les articles 1641, 1642 et 1643.

La loi du 20 mai 1838 a eu pour but d'établir d'une façon fixe pour certains animaux les vices rédhibitoires. Cette loi contient une énumération des maladies de l'espèce chevaline, bovine et ovine, qui pourront donner lieu à l'action rédhibitoire du Code civil; à l'exception de ces maladies, on ne pourra admettre aucun vice rédhibitoire. Toutes les matières dont cette loi n'a pas parlé restent soumises au droit commun exprimé dans le Code civil.

L'article 1648 renvoie aux anciennes coutumes en ce ce qui concerne le délai pendant lequel l'action en garantie pour les vices cachés peut être intentée; mais nous ne pensons pas qu'on soit obligé de recourir à ces coutumes pour déterminer la nature même des vices. Le pouvoir des Tribunaux sera souverain sur ce point. Les juges s'inspireront certainement des anciennes coutumes, mais ils pourront admettre comme vices rédhibitoires des vices qu'elles ne considéraient pas comme tels. (Arrêt de la Cour de Caen du 22 novembre 1826.)

Supposons le vice rédhibitoire prouvé : l'article 1644 nous dit que l'acheteur a deux actions entre lesquelles il peut choisir. La première est l'action rédhibitoire proprement dite, par laquelle l'acheteur obtiendra la résiliation du contrat et la restitution du prix. La seconde est une action en réduction de prix, *quanti minoris* comme on l'appelait en droit romain. Nous ne trouvons pas sur cette matière la règle de l'article 1636, qui distingue, suivant la gravité des évictions, pour décider s'il y a lieu de résoudre le contrat. Dans tous les cas, l'acheteur a les deux actions, ce qui écarte toute contestation sur le point de savoir si le vice est suffisant ou insuffisant pour faire résilier la vente.

La convention des parties peut restreindre l'obligation du vendeur. S'il connaissait les vices cachés, nous devons dire *a contrario*, avec l'article 1643, qu'il sera tenu de les garantir en dépit de toute clause contraire. Mais si le vendeur est de bonne foi, il peut, par une stipulation de non-garantie, se soustraire à la responsabilité de ces vices. Nous déciderions autrement quand il serait évident que la vente a été faite aux risques et périls de l'acheteur. L'article 1643 ne pourrait alors être opposé, car il prévoit seulement l'hypothèse d'une clause de non-garantie.

L'obligation du vendeur peut aussi être étendue; il lui est permis de prendre à sa charge même les vices apparents.

Le vendeur n'est garant que des vices qui existaient au moment de la vente. Il pourra donc être difficile de déterminer si ceux dont se plaint l'acheteur sont antérieurs ou postérieurs au contrat. S'il y a contestation, les principes veulent que la charge de la preuve retombe sur l'acheteur, qui est demandeur dans l'espèce. Mais, comme le dit M. Duvergier (t. I, n° 403), le délai pendant lequel l'action en garantie peut être intentée modifie les principes. Sans déterminer ici la longueur de ce délai, n'est-il pas vrai que tant qu'il n'est pas écoulé, il y a, en faveur de l'acheteur, présomption que les vices dont il se plaint existaient au moment de la vente? Le vendeur serait admis, cependant, à prouver le contraire.

Si le contrat est résilié, le vendeur rend le prix tout entier avec les accessoires de ce prix ; l'acheteur rendra la chose avec ce qui s'y rapporte. S'il intente seulement l'action en réduction, on estime la valeur des dommages-intérêts eu égard au prix total, à dire d'experts, et le vendeur restitue une somme proportionnelle à l'acheteur.

Ce sont là les obligations que l'article 1646 met à la charge du vendeur de bonne foi. Le vendeur de mauvaise foi est traité plus sévèrement; s'il connaissait les vices cachés de la chose, il reste de plus tenu envers l'acheteur de tous dommages-intérêts. S'il avait vendu un animal atteint d'une maladie contagieuse qui envahit le troupeau tout entier, il devrait une indemnité à l'acheteur pour le préjudice qu'il éprouve. C'est encore une question de fait que les Tribunaux apprécieront. (Art. 1645.)

L'article 1647 prévoit le cas où la chose vendue a péri. Si la perte a pour cause la mauvaise qualité de l'objet, elle reste à la charge du vendeur. Comment pourrait-il se soustraire à une obligation qui a en lui son origine? Les prestations à fournir se détermineront, en ce cas, suivant les principes que nous avons exposés plus haut. Si la perte arrive par cas fortuit, elle retombe sur l'acheteur. La règle *res perit domino* reprend tout son empire, et la raison de le décider ainsi, c'est que l'acheteur ne peut se plaindre des vices rédhibitoires, puisque la chose eût péri entre ses mains, alors même qu'elle eût été saine.

Quant à la perte arrivée par la faute de l'acheteur, il y a sur ce point controverse. M. Troplong (t. II, n° 586) enseigne une doctrine qui est repoussée par tous les auteurs. D'après le savant magistrat, l'acheteur pourrait recourir contre le vendeur; il devrait seulement tenir compte de la valeur que pouvait avoir la chose vicieuse. Nous repoussons ce système en disant que les vrais principes s'opposent à ce que l'acheteur soit traité plus sévèrement lorsque la chose périt par cas fortuit, que lorsqu'elle périt par sa faute. (*Sic.*

Marcadé, art. 1641 à 1649, n° 3; Duvergier t. 1,
n° 414.) M. Troplong a emprunté à tort la théorie
qu'il soutient au droit romain et à Pothier.

La chose affectée de vices rédhibitoires peut n'avoir
pas péri, mais être détériorée. Le vendeur devra tenir
compte des détériorations produites par sa faute. (Pothier, *Vente*, n° 222.) En sens contraire, l'acheteur
qui fait résilier la vente est tenu de restituer tous les
accessoires dont la chose s'est augmentée.

Il est facile de voir que des différences importantes
existent entre l'action rédhibitoire pour les vices
cachés et l'action en garantie pour cause d'éviction.
Par cette dernière action, le vendeur, quoique de
bonne foi, est tenu à des dommages-intérêts envers
l'acheteur, tandis que l'article 1645 ne met la même
obligation qu'à la charge du vendeur de mauvaise foi.
L'acheteur évincé n'est pas tenu des détériorations
survenues par sa faute depuis la vente; il en est autrement pour les vices rédhibitoires. Enfin, dans l'action en éviction, l'acheteur profite des améliorations
de la chose, tandis que, dans l'action rédhibitoire, l'a-
cheteur n'en est pas indemnisé. On justifie ces différences par la situation même du vendeur, qui est ici
beaucoup plus digne d'intérêt. Il est excusable s'il
ne connaît pas les vices cachés; le danger d'éviction qui menace la propriété est rarement ignoré, au
contraire, et, à part quelques rares exceptions, on le
connaît toujours. De plus nous pensons que la situation des parties n'est pas la même dans les deux cas.
Lorsqu'il y a éviction, l'acheteur est brusquement sé-

paré de l'objet acheté; tout lui est enlevé, la substance même de la chose, et contrairement à sa volonté. Dans l'action rédhibitoire, c'est le vendeur qui fait résilier la vente; à lui donc d'en supporter les conséquences. (Voir en ce sens M. Troplong, t. II, n° 572.)

Tout ce que nous venons de dire s'appliquera aux ventes contractées sous l'empire du Code civil. La loi de 1838, non contente d'énumérer les maladies qui constituent des vices rédhibitoires des ventes de certains animaux, est allée plus loin. Dans tous les cas où il y aura lieu d'appliquer cette loi, son article 2 décide que l'action en réduction ou *quanti minoris* ne pourra être intentée, et l'acheteur aura seulement l'action rédhibitoire pour faire résilier la vente. On a probablement supposé que l'appréciation nécessitée par l'action *quanti minoris* serait trop difficile en pratique, et que le préjudice éprouvé par le vendeur ne suffisait pas pour motiver une diminution de prix lorsqu'il consent à garder l'animal acheté.

Le délai, quant aux ventes contractées sous le Code, pour l'exercice de l'action résultant des vices rédhibitoires, est réglé par l'article 1648. En droit romain, l'action en résiliation du contrat se prescrivait par six mois, et l'action *quanti minoris* par un an. Dans notre ancienne jurisprudence les usages étaient diversement réglés suivant les pays, et dans chaque pas suivant la nature des vices. En cas de courbature des chevaux, par exemple, la coutume de Normandie donnait trente jours à l'acheteur pour intenter l'action en garantie (Arrêt de Règlement du

30 janvier 1728), tandis que la coutume du Nivernais ne donnait que huit jours dans le même cas. L'article 1648 ne fixe aucun délai précis, il veut seulement que l'action soit intentée dans un temps court, suivant la nature des vices rédhibitoires et les usages du lieu où la vente a été conclue. C'est une question de fait que les Tribunaux auront à apprécier, en s'appuyant sur les anciennes coutumes.

Le point de départ de la prescription du délai de l'article 1648 n'est pas fixé par le Code. Devra-t-elle courir du jour de la vente ou du jour où le vice rédhibitoire a été découvert? Il y a controverse sur cette question. Un point qui est en dehors de toute discussion, c'est qu'on doit se décider suivant les anciens usages s'ils prévoient le cas. Mais quand ils sont muets, nous croyons que la prescription doit courir du jour de la vente. Il serait plus équitable qu'elle courût seulement du jour de la découverte du vice rédhibitoire; mais ce système aurait de grands inconvénients pratiques pour la preuve du moment où l'acheteur a découvert ce vice. Ce point de départ variable serait à peu près impossible à déterminer; les éléments de preuve manqueraient, et on serait exposé à tomber dans l'arbitraire. La Cour de Lyon s'est cependant prononcée en ce sens le 5 avril 1824.

Nous modifierons notre solution, si la tradition de la chose vendue n'a pas été faite aussitôt après la vente. C'est seulement à partir de la tradition, en effet, que l'acheteur a pu se convaincre des défauts de la chose et a été mis en situation d'intenter l'action en garantie. C'était, d'ailleurs, l'opinion de notre ancienne jurisprudence. La Cour de Cassation a décidé le contraire (17 mars 1829), et M. Duvergier se range à cette opinion. N'est-il pas vrai cependant que le vendeur, en acceptant que la tradition fût reculée, a accepté par cela même de prendre à sa charge les vices rédhibitoires qui naîtraient après la vente et antérieurement à cette tradition? (En ce sens, MM. Aubry et Rau, t. IV, n° 355 bis, note 29.) La chose est aux risques de l'acheteur en principe, c'est vrai, mais encore faut-il modifier cette maxime par les circonstances de fait qui en rendraient l'application absolument inique.

Mais il se présente encore une autre question à résoudre. Étant donné le délai, quel que soit d'après les opinions son point de départ, quelle est sa nature ? Suffit-il pour la conservation du recours en garantie que le vice rédhibitoire ait été constaté dans ce délai, ou faut-il que l'action soit intentée tandis qu'il court? M. Duvergier, adoptant sur ce point l'opinion de la Cour de Bourges (Arrêt du 12 mars 1831), pense qu'il suffit de constater le vice pendant le délai, sauf à lancer plus tard, même lorsqu'il est expiré, l'assignation en garantie. Le Code civil est muet sur ce point, et nous croyons qu'on doit dès-lors recourir aux anciens usages ; s'ils ne tranchaient pas la question, les Tribunaux jugeraient en fait.

On ne saurait étendre l'article 1648 aux vices rédhibitoires qui ne sont tels que par la convention des parties; il serait arbitraire de leur appliquer des dispositions spéciales de la loi.

La loi du 20 mai 1838 a établi d'une manière fixe le délai du recours en garantie pour les cas qu'elle prévoit. Ce délai est devenu uniforme pour la France entière ; il est de trente jours pour la fluxion périodique des yeux, et de neuf jours pour tous les autres cas. Le législateur de 1838 a pensé qu'il y aurait une grande utilité à éviter, dans des ventes aussi fréquentes que celles d'animaux domestiques, la diversité des délais et les appréciations incertaines quand les anciennes coutumes manquaient. Le délai de l'article 3 de la loi de 1838 court du jour de la livraison exclusivement ; si l'animal n'est pas dans le lieu du domicile du vendeur, les délais seront augmentés d'un jour par cinq myriamètres de distance de ce domicile à l'endroit où se trouve l'animal. (Art. 4.)

Nous allons passer rapidement en revue les différentes dispositions de la loi de 1838. L'article 5 veut que, dans tous les cas et à peine de déchéance, l'acheteur introduise dans les neuf ou trente jours la requête au juge de paix du lieu où se trouve l'animal, à l'effet d'obtenir qu'il nomme, suivant les cas, un ou trois experts chargés d'examiner l'animal dans le plus bref délai. L'affaire est dispensée des préliminaires de conciliation et instruite et jugée comme les matières sommaires. (Art. 6.) Quant à l'action, elle doit toujours être intentée dans les délais de l'article 4. (Arrêt de la Cour de Cassation du 19 décembre 1860. — Dev., 61, 1, 362 ; J. P., 61, 768.)

L'article 7 veut que l'acheteur prouve que l'animal a péri par suite des vices rédhibitoires, lorsque la perte survient pendant les délais accordés pour intenter l'action en garantie. Et l'article 8 met à la charge de l'acheteur cette perte, arrivée par suite de maladies contagieuses, lorsque le vendeur prouve que les animaux vendus ont été mis en contact avec d'autres animaux atteints de ces maladies. C'est la faute de l'acheteur, et il doit en subir les conséquences.

L'article 1649 est le dernier sur la matière de la garantie des vices rédhibitoires. Il décide que cette garantie n'a pas lieu dans les ventes faites par autorité de justice. C'était aussi l'avis de notre ancienne jurisprudence, qui le tenait du droit romain. (Domat, liv. I, t. II, sect. II, n° 17. — Ferrière, v° *Rédhibitoire*. — L. 1, § 3, au Digeste, *De æd. edicto.*) Il y a plusieurs motifs de décider ainsi. Dans les ventes par autorité de justice, le contrôle est d'abord plus sérieux ; de plus les choses y sont presque toujours vendues pour un prix inférieur à leur valeur. L'acheteur n'a pas autant de motifs de se plaindre, car ses intérêts sont moins lésés. Enfin, les ventes par autorité de justice entraînent des frais considérables, et il y aurait de grands inconvénients à les annuler.

Quant aux ventes opérées devant la justice, mais volontairement consenties par le propriétaire, nous ne croyons pas qu'elles rentrent dans l'application de l'article 1649. Il suppose, en effet, des ventes faites par *autorité* de justice, c'est-à-dire forcées, et c'est un caractère que nous ne trouvons pas dans les ventes qui ont lieu en justice, parce qu'il plaît au propriétaire de provoquer les enchères en donnant plus de retentissement à l'aliénation de l'objet qui lui appartient.

CHAPITRE VI.

DE LA GARANTIE DANS LA VENTE D'UNE CRÉANCE OU D'UNE HÉRÉDITÉ.

L'article 1693 établit le principe de la garantie. Le vendeur d'une créance ou de tout autre droit incorporel en garantit de droit, et en dehors de toute stipulation spéciale, l'existence au moment où la vente est conclue. Il faut bien que le consentement des parties porte sur un objet. Peu importe, d'ailleurs, qu'un titre soit remis à l'acheteur si aucune créance n'existe; ce n'est point le parchemin, c'est le droit qu'on garantit. Nous trouvons l'origine de la garantie dans les ventes de créances au Digeste (L. 4 et 5, *de Hereditate vel actione vendita.*)

Mais il ne suffit pas que la créance existe; encore faut-il qu'elle existe au profit du vendeur. Si elle appartenait à tout autre, l'article 1599 s'appliquerait, et la vente serait nulle comme vente d'une chose appartenant à autrui. Peu importe que le contrat contienne une clause qui dispense de la garantie; le vendeur serait tenu. L'article 1693 s'appliquerait encore dans le cas où la créance, qui a réellement existé et au profit du vendeur, n'est plus au jour de la vente.

Notre article comprend aussi les accessoires de la

créance ; s'il était dit que des hypothèques déterminées en assuraient le paiement, le cédant serait tenu de leur existence. Il faut encore que la créance existe pour la somme déclarée par celui qui la cède.

Mais là s'arrêtent les obligations du vendeur de créance. Peu importe que plus tard, l'acheteur ne retire aucun émolument du contrat, parce que le débiteur cédé est insolvable; le cédant n'est pas tenu de ce chef.

Si la créance n'existe pas, le cessionnaire exercera son recours en garantie. Le contrat de cession sera résolu faute d'objet; le cédant restituera le prix qu'il a reçu et les frais et loyaux coûts du contrat, et les intérêts du prix. Le cédant devra-t-il aussi à l'acheteur la différence en plus qui existerait entre la valeur nominale de la créance et le prix de cession ? Nous ne le pensons pas, et c'est l'avis, d'ailleurs, de la majorité des auteurs. Si nous nous reportons à l'article 1694 qui réglemente la garantie de fait dans les cessions de créances, c'est-à-dire la garantie que produit une stipulation formelle, nous voyons que le cédant ne doit garantie que jusqu'à concurrence du prix de cession; nous ne pouvons accorder davantage aux cessionnaires qui n'ont rien stipulé. De plus, tout ce que veut la loi, c'est que les parties soient replacées dans la situation où elles se trouvaient avant le contrat, et c'est le résultat auquel conduit notre interprétation. Enfin le Code voit d'un mauvais œil les acheteurs de créances, qui sont souvent des spéculateurs peu dignes d'intérêt; on ne peut donc donner en leur faveur une décision qui serait si avantageuse. En vain objecterait-on l'article 1630, qui soumet le vendeur à payer en plus du prix des dommages-intérêts à l'acheteur évincé ; nous sommes ici sous l'empire de règles spéciales, il s'agit d'une vente *sui generis*, à laquelle nous ne pouvons appliquer que les dispositions édictées à son sujet. La garantie de fait est établie dans l'article 1694, que nous devons étendre à la garantie de droit.

Si les hypothèques ou cautionnements quelconques que le vendeur avait dit être attachés à la créance, n'existent pas, nous avons dit que l'acheteur aurait garantie de ce chef. Mais il en serait autrement si les parties n'avaient pas eu l'intention de comprendre ces accessoires dans la cession.

Le cédant n'est obligé de garantir l'existence de la créance que jusqu'au moment du contrat ; si des faits postérieurs l'ont anéantie ou modifiée, le vendeur n'est tenu que de ses faits personnels.

La prescription de la créance, commencée avant la cession et qui se termine après, reste à la charge du cessionnaire, car c'était à lui de l'interrompre. Si cependant la prescription s'accomplissait presque immédiatement après la cession, elle pourrait retomber sur le cédant.

Le droit cédé pourrait n'exister qu'en partie. Nous appliquerions alors l'article 1636, suivant l'importance de la diminution. Si la vente n'était pas résiliée, le cessionnaire pourrait se faire restituer une partie du prix, proportionnelle à ce dont il est privé, eu égard au prix total de la cession; nous n'appliquerions donc pas l'article 1637. Il a été, en effet, dicté par des considérations d'utilité pratique, qui ne se retrouvent pas dans le cas de la cession des créances, car rien n'est plus facile alors que de se placer au moment de la vente pour estimer la valeur de l'éviction.

Les parties peuvent étendre la garantie de droit de l'article 1693. Les articles 1694 et 1695 prévoient la garantie de fait. Les parties ont aussi le droit de diminuer et de faire disparaître la garantie normale; mais il faut alors une clause formelle, et la loi ne considère pas comme telle la stipulation générale de non-garantie. Si le droit est vendu comme litigieux et que le cessionnaire déclare qu'il l'acquiert à ses risques et périls, nous sommes alors en présence d'une vente aléatoire pour laquelle le prix est proportionné sans doute aux chances, et le cédant, en ce cas, ne sera pas tenu de l'absence du droit en sa personne. Mais il faut que le doute ne soit pas possible et que l'intention des parties soit nette; question délicate que les Tribunaux résoudront en fait. Les clauses de style ou ambiguës ne devraient pas suffire pour décider contre l'article 1693.

Si, à la clause de non-garantie, se joignait chez le cessionnaire la connaissance du danger d'éviction, le cédant serait dispensé de la restitution du prix. Peu importe le moyen par lequel l'acheteur aurait connu ce danger; il est éclairé, et en acceptant la clause de non-garantie, il peut en prévoir toutes les conséquences.

Sans faire disparaître l'obligation de garantie, le cédant et le cessionnaire peuvent convenir qu'elle s'appliquera seulement à certains cas déterminés.

Quant aux clauses extensives de garantie, elles ont généralement pour but de rendre le cédant responsable de l'insolvabilité du débiteur (1694-1695).

Quel sera l'effet d'une clause simple de garantie ? Certaines personnes pensent qu'elle n'ajoute rien au principe édicté par l'article 1693, qu'elle ne modifie pas la garantie de droit. La question était déjà discutée dans l'ancien droit, et on enseigne aujourd'hui, contrairement à l'opinion citée plus haut, que la clause de garantie pure et simple oblige le vendeur à garantir la solvabilité du cédé au moment de la cession. C'est là notre avis, car par cette clause les parties montrent qu'elles veulent rendre la vente efficace pour l'acheteur; on doit aussi supposer qu'elles ont voulu, en insérant cette stipulation, faire un acte raisonnable, ce qui ne serait pas si on adoptait le système contraire à celui que nous pensons devoir suivre. (*Contrà*, MM. Aubry et Rau, t. IV, par. 359 *bis*, note 70.)

Les clauses « garantie de la solvabilité, » «garantie de fait, » « de tous troubles et évictions, » que l'on trouve souvent dans les contrats de cession, produiraient le même effet. Nous n'étendrons ni les unes ni les autres à la solvabilité future du cédé, car l'article 1695 exige sur ce point une stipulation formelle.

On considère comme telle la clause de « fournir et faire valoir. » La question était débattue dans l'ancienne jurisprudence française, mais nous pensons que toute controverse doit cesser sur ce point. Fournir, en effet, c'est donner au cessionnaire ce qui pourrait lui manquer, c'est-à-dire payer ce que le débiteur ne paiera pas ; faire valoir, c'est s'engager à ce que la créance rapporte à l'acheteur toute sa valeur au moment où elle sera payée : le cédant devra payer après que le cédé aura été préalablement discuté et n'aura pas désintéressé le cessionnaire.

Le cédant pourrait même renoncer à ce bénéfice de discussion et s'engager à payer pour le débiteur après qu'un simple commandement aura été fait à celui-ci. Là se bornent, en ce cas, les diligences que le cessionnaire doit faire pour obtenir le paiement de la créance, et toutes les mesures conservatoires restent à la charge du cédant.

Le garant cesse d'être tenu de la solvabilité, soit présente, soit future, du cédé, lorsque cette solvabilité aura disparu par la faute du cessionnaire lui-même ; celui-ci est responsable de ses faits. C'est ce qui aurait lieu si le cessionnaire déchargeait de leurs obligations les débiteurs solidaires ou les cautions, ou s'il donnait mainlevée des hypothèques. Le cédant ne peut être responsable de faits qui lui sont étrangers.

Qu'arrivera-t-il si l'acheteur d'une créance, auquel le cédant a promis de payer après un simple commandement fait au cédé, a laissé prescrire les hypothèques, soit en ne renouvelant pas les inscriptions, soit en ne remplissant pas les formalités nécessaires au maintien de ses droits ? Le cédant qui a garanti la solvabilité future du débiteur en est-il toujours tenu ?

La question est controversée. Décider que le vendeur sera tenu d'une négligence personnelle à l'acheteur est bien rigoureux ; nous pensons que la question doit être résolue par une distinction. (En ce sens, Marcadé, t. VI, art. 1695, n° 3.) Le détenteur des titres est celui qui est le mieux en situation de prendre toutes les mesures conservatoires et qui doit, dès-lors, les prendre. Les titres sont-ils chez le cédant, à lui de veiller à ce que les garanties de la dette ne s'éteignent pas, et il sera responsable de sa négligence. Le cessionnaire a-t-il les titres, c'est à lui que revient la charge.

Si l'insolvabilité du débiteur se produisait dans les délais que le cessionnaire lui aurait accordés après l'échance, il faut décider que le recours en garantie ne pourra atteindre le cédant. L'acheteur seul est responsable de sa faute, quelle que soit l'étendue donnée à l'obligation de garantie.

Supposons que la garantie de fait ait été promise et que l'éviction se réalise. Lorsqu'il y a promesse de la solvabilité du cédé au moment du contrat, l'article 1694 nous apprend que le cédant est responsable seulement jusqu'à concurrence du prix qui lui a été payé par le cessionnaire.

Il lui devra aussi les frais et loyaux coûts du contrat et les intérêts du prix. Mais là s'arrête la responsabilité du vendeur. Le motif qui a déterminé le législateur à décider ainsi, est toujours le peu d'intérêt qu'inspirent, en général, les acheteurs de créances, qui souvent sont des spéculateurs de bas étage qui tirent profit de la gêne des créanciers pour obtenir à vil prix des créances quelquefois importantes.

Nous étendrons la disposition de l'article 1694 aux cas où, conformément à l'article 1695, la garantie de la solvabilité future du cédé aurait été promise, et nous dirons encore que l'acheteur ne peut rien obtenir au-delà de ce qu'il a payé.

Nous déciderons, au contraire, que le vendeur serait tenu de la valeur nominale de la créance, s'il s'était engagé à payer après un commandement fait au débiteur. En ce cas le cédant est personnellement engagé jusqu'à concurrence du montant total de la dette.

L'action en garantie du cessionnaire sera prescriptible par trente ans. (Art. 2257 et 2262.) Ces articles sont généraux et doivent s'appliquer ici.

La cession de créances a de grandes analogies avec la dation en paiement, la délégation et la subrogation.

La dation en paiement est la convention par laquelle, avec le consentement de son créancier, un débiteur donne en paiement une chose autre que celle qu'il doit. Si le débiteur se libère par une créance dont il est titulaire, la transmission de propriété s'opère en faveur du créancier. Il y a une sorte de vente de la créance, et le prix est la dette du vendeur à l'égard de l'acheteur; il y a compensation entre le prix dû au cédant et ce qu'il doit lui-même. Aussi la dation en paiement produira-t-elle, au point de vue de la garantie, les mêmes effets que la cession proprement dite.

La délégation est un contrat par lequel un débiteur donne un nouveau débiteur à son créancier. C'est une novation de la dette par changement de débiteur, et dans la pratique l'ancien débiteur est ordinairement créancier du nouveau. La délégation est parfaite lorsque la dette originaire se trouve éteinte, et imparfaite lorsque le créancier, conservant son droit, le nouveau débiteur n'est qu'un coobligé. Lorsque la délégation n'est qu'imparfaite, le débiteur qui n'est pas libéré garantit par cela même la solvabilité du délégué. Si la délégation est parfaite, s'il y a novation, l'article 1276 du Code civil oblige le déléguant à garantir la solvabilité du délégué au moment même de la délégation. C'est la garantie de droit, et cette différence avec la cession proprement dite s'explique par cette considération que le délégataire n'est point un spéculateur, mais un créancier qui réclame ce qui lui est légitimement dû.

La subrogation a lieu lorsqu'un créancier, recevant ce qui lui est dû d'une autre personne que le débiteur, cède contre celui-ci ses droits, actions, priviléges ou hypothèques. La subrogation peut être une cession à l'égard du débiteur; mais ce n'est qu'une fiction de la loi, car entre le créancier et celui qui le paie, l'opération n'est qu'un paiement qui éteint la dette; les parties n'ont eu en vue que la libération du débiteur; il n'y a pas de spéculation.

Toullier a prétendu assimiler la cession et la subrogation; la controverse est célèbre. Le subrogeant devrait alors garantir celui qui le paie. Cette opinion est presque unanimement repoussée. N'avons-nous pas vu plus haut que la base des deux opérations est différente, et qu'elles ne peuvent être soumises à la même règle ? — Si un tiers a payé pour un débiteur, que la dette ne fût pas réelle, le créancier apparent ne devra pas s'enrichir aux dépens d'autrui, et sera tenu par l'action *indebiti*. Quant à la garantie, il ne peut en être question. Nous ajoutons cependant que le créancier apparent serait tenu de son dol.

L'article 1252 nous montre encore que la loi n'a pas voulu assimiler la subrogation et la cession, lorsqu'il dit que, dans le cas de subrogation partielle, le subrogeant primera celui qui l'a payé sur les biens du débiteur. Dans la cession partielle, si le cédant a garanti la solvabilité future du cédé, le cessionnaire sera payé d'abord. N'est-ce pas nous dire que, dans le premier cas, le subrogeant est préféré parce qu'il n'est pas vendeur, et que l'intérêt du débiteur a été le mobile du contrat, tandis que pour la cession, véritable vente dans laquelle on se préoccupe peu des intérêts du cédé, le meilleur rôle est à l'acheteur ?

Dans la vente d'un hérédité, le vendeur ne se dépouille pas de son titre d'héritier, mais il transmet seulement à l'acheteur tout l'émolument que cette qualité lui eût procuré. S'il s'agissait de la vente des objets mêmes de la succession, ce serait une vente ordinaire, et les règles des articles 1696 et 1697 relatives à la garantie ne sauraient s'y appliquer.

Le vendeur d'une hérédité qui n'en spécifie pas les objets, qui vend le droit ouvert mais non déterminé comme valeur, doit garantir seulement sa qualité d'héritier, ce qui comprend l'ouverture de la succession, la vocation du cédant, jusqu'à concurrence de telle part, et enfin l'existence actuelle de cette vocation. Le vendeur reste toujours tenu de ses faits personnels.

Telle est la garantie de droit, que les parties peuvent d'ailleurs étendre ou restreindre.

Le vendeur se soumettra à une garantie plus stricte en énumérant les objets qu'il dit appartenir à la succession. Le vendeur serait tenu si ces objets ne faisaient pas partie de l'hérédité.

L'obligation de garantie serait restreinte si le vendeur déclarait que ses droits à la succession sont incertains et qu'il les vend comme tels. Il ne serait tenu que de son dol. La clause sans garantie, par application de l'article 1693, ne serait pas suffisante pour permettre au vendeur de se soustraire à toute responsabilité, s'il n'avait aucune vocation à la succession.

Lorsque l'action en garantie sera admise, elle donnera à l'acheteur le droit de réclamer au vendeur une somme qui le remette dans la situation qu'il avait avant le contrat. On lui restituera le prix, les frais et loyaux coûts du contrat, les frais de l'instance intentée par le revendiquant.

CHAPITRE VII.

L'OBLIGATION DE GARANTIE EST-ELLE DIVISIBLE OU INDIVISIBLE ?

L'intérêt pratique de cette distinction n'apparaît que dans le cas où il y a plusieurs garants, soit plusieurs vendeurs, soit plusieurs héritiers du même vendeur. Cette question a soulevé de tous les temps une vive controverse, et de nos jours les opinions sont encore bien divisées.

Quatre systèmes se partagent les auteurs.

Dumoulin et Pothier, et d'après eux M. Troplong, distinguent entre l'action et l'exception de garantie; l'action serait indivisible et l'exception divisible.

Marcadé et MM. Aubry et Rau pensent que l'obligation de garantie est absolument indivisible sous les deux rapports.

Un troisième système déclare que l'obligation de garantie poursuivie, soit par voie d'action, soit par voie d'exception, est toujours divisible. (M. Eyssautier. *Revue critique*, t. XI.)

Quant à M. Larombière, dans son *Traité sur les Obligations* (art. 1222-1223), il admet l'indivisibilité de l'action quant à la défense de l'acheteur, et sa divisibilité pour les dommages-intérêts. En ce qui concerne l'exception, il dit qu'elle est divisible ou indivisible suivant la nature de la chose vendue.

La question ne présente un intérêt pratique que lorsque l'obligation de garantie s'exerce par voie d'exception. Lorsqu'elle s'exerce par voie d'action, elle se transforme toujours en fait en une obligation pécuniaire divisible comme toutes celles de cette nature; si le garant perd son procès contre le revendiquant, il est condamné à payer à l'acheteur des dommages-intérêts, dont le paiement peut être fait par partie, quelle que soit l'opinion qu'on adopte.

Quant à la défense de l'acheteur, celui-ci devra agir aussi comme si l'obligation était divisible. Si un seul garant, en effet, était mis en cause, il pourrait obtenir, conformément à l'article 1225, un délai pour faire intervenir ses cohéritiers à l'instance ; et si la condamnation était prononcée contre un seul des garants, elle ne pourrait être opposée aux autres. En fait donc il faut convenir que l'indivisibilité de l'obligation de garantie exercée par voie d'action ne produit aucun résultat.

L'utilité apparaît lorsque cette obligation s'exerce par voie d'exception. Il faut supposer pour cela qu'un des vendeurs ou un des héritiers du vendeur primitif est devenu héritier du propriétaire de l'objet vendu. Il revendique cet objet, déduction faite de la part qu'il doit garantir ; si l'exception de garantie est indivisible, l'acheteur pourra repousser pour le tout cette prétention. Si l'exception est divisible, l'acheteur ne pourra l'opposer que pour la part dont le revendiquant est garant.

12

En présence d'opinions si diverses et si nombreuses, quel parti prendre? Nous pensons que la véritable solution a été donnée par la Cour de Cassation, dont la doctrine a été adoptée par Marcadé et MM. Aubry et Rau ; nous déciderons que l'obligation de garantie est toujours indivisible. Elle se résoudra quelquefois en dommages et intérêts; mais ce n'est point à une somme d'argent que le vendeur est tenu en principe. Il doit maintenir l'acheteur en possession paisible de la chose, obligation aussi indivisible que possible. Ce maintien n'est pas susceptible de division, car on ne peut se représenter comment l'acheteur pourrait être défendu pour partie. C'est à tort qu'on considérerait la matérialité de la chose vendue; ce n'est point là ce qui peut servir de guide. MM. Aubry et Rau (t. IV, n° 355, note 7) donnent un exemple frappant. La divisibilité intellectuelle d'une maison ne peut, d'après ces auteurs, rendre divisible l'obligation de ceux qui se sont engagés à la construire. Il faut se dégager de la partie matérielle et voir en elle-même l'obligation; or le maintien en possession paisible ne peut être divisible, car on ne peut défendre pour un tiers ou un quart, présenter une moitié de moyen de défense. Il y aura division en fait de la somme d'argent à payer; mais, nous le répétons, ce n'est pas là la véritable obligation.

Si l'obligation des garants est négative, notre doctrine s'explique encore, car ne pas troubler l'acheteur est un fait absolument indivisible. C'est le cas de l'exception de garantie. Le vendeur qui poursuivrait l'acheteur en revendication, même déduction faite de sa part, serait repoussé pour le tout par l'exception de garantie ; quant à l'héritier du vendeur primitif, il le représente pour une obligation indivisible que sa mort ne rend pas susceptible de division (art. 1223, C. C.). Alors même que l'obligation de ne pas troubler serait considérée comme divisible au point de vue du paiement, notre solution devrait être admise. Le vendeur, ou l'héritier du vendeur qui poursuit l'acheteur, est le seul, en effet, qui puisse, par le droit qui s'est réalisé en lui, contrevenir à l'obligation de garantie.

Le système de la divisibilité de l'exception aurait d'ailleurs pour effet de mettre l'acheteur en copropriété avec un des garants, ce qui le placerait sous le coup d'un partage. L'obligation de ne pas troubler serait encore éludée. Un arrêt de Rejet de la Chambre des Requêtes du 11 août 1830 (Sirey, 30, 1, 395) a jugé en ce sens. C'est à tort qu'on a cru que la Cour de Cassation avait décidé dans cet arrêt que l'obligation de garantie est divisible, lorsqu'elle est exercée par voie d'action ; la Cour s'est contentée de montrer les conséquences différentes de l'action ou de l'exception. L'action se résout en dommages-intérêts divisibles dans leur paiement; là s'arrête la portée de l'arrêt. — La Jurisprudence est d'ailleurs établie en ce sens.

Pour soutenir la divisibilité de l'obligation de garantie, on prétend que l'obligation de livrer est divisible lorsque l'objet lui-même est susceptible de division, ce qui est toujours facile à concevoir. Si le vendeur fût mort avant la tradition, ses héritiers n'auraient pu être poursuivis que pour leur part et portion; comment la

12.

mort du vendeur pourrait-elle rendre pire leur condition? — C'est confondre l'obligation de livrer et l'obligation de garantir; les deux choses sont absolument distinctes, et la tradition change les droits des parties.

Les partisans de la divisibilité ajoutent que l'obligation de défendre l'acheteur n'est pas tellement stricte et absolue que chaque héritier ne puisse s'y soustraire en payant la somme équivalente à son obligation de garantie. C'est encore considérer que cette obligation peut en droit se transformer en une obligation pécuniaire. Les héritiers ne pourraient tenir le droit d'opérer cette transformation que de leur auteur; or il ne l'a jamais eu. En un mot, cette obligation pécuniaire si souvent mise en avant est un pis aller; l'obligation de garantie est une obligation de fait à exécution de laquelle on ne peut contraindre les débiteurs et qui se résout en dommages-intérêts, car il faut bien que le créancier obtienne un équivalent de ce qui lui est dû. Mais l'obligation primitive n'a pas pour objet une somme d'argent.

Les partisans de la divisibilité distinguent enfin entre l'obligation de faire jouir et celle de défendre. D'après eux, lorsque l'héritier fait jouir pour sa part l'acheteur de sa possession, il serait dispensé de le défendre. C'est distinguer deux choses qui sont absolument semblables, car faire que l'acheteur jouisse de sa possession, ou le défendre si on veut l'en évincer, c'est, au point de vue pratique, tout à fait la même chose.

Quant au système qui enseigne la divisibilité de

l'exception de garantie, comment l'admettre ? — Est-ce l'objet de la vente qui peut, en droit, constituer l'obligation. NE PAS TROUBLER l'acheteur dans sa possession, c'est un fait toujours indivisible qui ne peut être divisé ni intellectuellement ni matériellement. En vain dirait-on que la possession peut être paisible pour une partie. Nous demanderons si l'acheteur a conclu le contrat pour être tranquille sur un point et inquiété sur un autre ? Et comme c'est cette intention, le but qu'il s'est proposé qu'on doit considérer, la divisibilité ne saurait être soutenue. D'ailleurs il faut considérer combien la situation donnée à l'acheteur serait désavantageuse, et cela au profit de l'un de ses garants. Et dans un contrat comme la vente, où la loi donne à l'acheteur de si grands avantages, nous ne pouvons lui refuser un de ceux qui a des conséquences si importantes. La paisible possession est donc un fait indivisible quel que soit l'objet auquel elle s'applique, et la divisibilité de l'exception de garantie ne saurait être admise. Elle repose sur une confusion.

Des auteurs donnent une solution différente suivant qu'il s'agit de l'exception ou de l'action. Nous croyons avoir réfuté leurs systèmes par les explications que nous avons données plus haut. Sur cette matière, d'ailleurs, on ne peut en principe distinguer ; c'est tout ou rien, ou toujours indivisible, ou toujours divisible, et nous espérons avoir victorieusement réfuté ce dernier système.

POSITIONS

DROIT ROMAIN.

1. — Le vendeur n'est pas tenu de garantir l'acheteur de l'exercice des servitudes prédiales qui grèvent le fonds, à moins qu'il ne l'ait vendu *uti optimus maximusque.*

2. — L'acheteur d'une créance, évincé des hypothèques ou des gages qui en assuraient le paiement, n'a pas de recours en garantie contre le vendeur, si cette éviction procède d'une absence de droit chez le constituant.

3. — Dans la vente consentie par un créancier gagiste ou hypothécaire, celui-ci est tenu de garantir l'existence de son droit sur la chose engagée.

4. — L'obligation de garantir est divisible.

DROIT FRANÇAIS.

1. — L'acheteur d'un bien hypothéqué, évincé par une surenchère du dixième, pourra recourir contre son vendeur.

2. — L'acheteur évincé par une sentence injuste, et qui n'a pas mis en cause son vendeur, conserve cependant son recours en garantie, à moins que le vendeur ne prouve qu'il avait les moyens de repousser les prétentions du revendiquant.

3. — Le vendeur est tenu de garantir son acheteur lorsque celui-ci a cédé la chose vendue à un de ses ayant-cause particuliers, même à titre gratuit.

4. — L'ayant-cause particulier, soit à titre gratuit, soit à titre onéreux, pourra lui-même actionner en garantie le vendeur de son auteur.

5. — Si l'éviction partielle est inférieure à un vingtième de la contenance totale, le recours en garantie pourra être exercé par l'acheteur. L'article 1619 du Code civil ne peut être appliqué en ce cas.

DROIT COMMERCIAL.

Une lettre de change peut être endossée après son échéance.

DROIT MARITIME.

Celui qui fait construire un navire à forfait, en devient propriétaire en proportion des sommes qu'il paie, lorsque le paiement doit être fait par parties.

PROCÉDURE CIVILE.

C'est la Cour de Cassation qui statue sur les conflits qui existent entre deux tribunaux de degré inégal.

DROIT ADMINISTRATIF.

L'acquéreur à titre particulier d'une portion d'immeuble aura le droit de préemption comme le propriétaire primitif.

DROIT CRIMINEL.

1. — L'ivresse n'est pas un des cas d'absolution prévus par l'article 64 du Code pénal.

2. — La Cour d'Assises peut admettre des circonstances atténuantes, en déclarant coupable un individu condamné par contumace.

Vu par le Président de la Thèse.

LÉO SAIGNAT.

Vu par le Doyen de la Faculté de Droit.

A. COURAUD.

Vu et permis d'imprimer.

Le Recteur,

J.-M. SEGUIN.

TABLE DES MATIÈRES.

DROIT ROMAIN.

DE LA GARANTIE EN CAS D'ÉVICTION DANS LA VENTE.

DROIT FRANÇAIS.

DE LA GARANTIE EN MATIÈRE DE VENTE.

www.ingramcontent.com/pod-product-compliance
Lightning Source LLC
Chambersburg PA
CBHW070531200326
41519CB00013B/3014